想在生气前做的
蓝色卡片

这是练习的对象！ ➤

告诉孩子应该做什么，而不是禁止做什么

· 你应该……

创造环境

· 距离
· 目光
· 干扰
· 营造稳定亲密的环境，让孩子自然而然听父母说话

尝试和孩子一起做

· 那我们一起做吧
  → 一起练习
  → 一起实践

夸奖

· 对象是问题行为相对的行为（普通行为）
· 普通行为是已经发生的事

表示理解孩子的心情

· 共情
  确实是……呢，我明白的哦
· 重复（鹦鹉学舌）
  确实是……呢

询问·让其思考

· 发生什么事了？
· 下次该怎么做？

※ 用平静或积极的口吻讲出。
如果觉得做不到的话，就要尽量避免使用。

稍不注意就会使用的红色卡片

模棱两可

· 你好好看看
· 你给我听话点
· 你再好好想想

过长说明

· 一直强调原因和现状
· 孩子注意力很难集中
· 不知道到底应该做什么

否定形式（禁止）

· 你不能……
· 不许……

故意挖苦

· 以后也请继续这么做
· 你觉得这么做挺好是吧
· 你小子真有本事

威胁恐吓

· 你自己在这待着吧，我回去了
· 以后再也不带你……了
· 我要把 XX 叫过来了啊

给予惩罚

· 这一星期都没有零食了
· 明天游乐园也不去了

逼问攻击

· 为什么要把水弄洒？
· 你不知道自己做得很过分吗？
· 要我说几次你才明白？

大发脾气

· 这个大家应该都懂
· 确实让人头痛呢……

不是小孩不听话，
只是大人说错了

红蓝卡沟通法

子どもも自分もラクになる
「どならない練習」

[日]伊藤德马 著

胡田美 译

民主与建设出版社
·北京·

图书在版编目（CIP）数据

不是小孩不听话，只是大人说错了：红蓝卡沟通法 /
（日）伊藤德马著；胡田美译 . —— 北京：民主与建设出
版社，2024.3
ISBN 978-7-5139-4485-4

Ⅰ . ①不… Ⅱ . ①伊… ②胡… Ⅲ . ①亲子关系－家
庭教育 Ⅳ . ① G78

中国国家版本馆 CIP 数据核字（2024）第 007635 号

子どもも自分もラクになる「どならない練習」（伊藤德馬）
KODOMO MO ZIBUN MO RAKUNINARU DONARANAI RENSYU
Copyright © 2020 by Tokuma Ito
Original Japanese edition published by Discover 21, Inc., Tokyo, Japan Simplified Chinese
published by arrangement with Discover 21, Inc. through
Rightol Media Limited.
（本书中文简体版权经由锐拓传媒取得 Email:copyright@rightol.com）

著作权合同登记号 图字：01-2024-0628

不是小孩不听话，只是大人说错了：红蓝卡沟通法
BUSHI XIAOHAI BU TINGHUA ZHISHI DAREN SHUOCUO LE HONGLANKA GOUTONGFA

著　者	[日] 伊藤德马	
译　者	胡田美	
责任编辑	刘　芳	
封面设计	东合社	
出版发行	民主与建设出版社有限责任公司	
电　话	（010）59417747　59419778	
地　址	北京市海淀区西三环中路 10 号望海楼 E 座 7 层	
邮　编	100142	
印　刷	天津旭非印刷有限公司	
版　次	2024 年 3 月第 1 版	
印　次	2024 年 3 月第 1 次印刷	
开　本	880 毫米 ×1230 毫米　　　1/32	
印　张	5.5	
字　数	113 千字	
书　号	ISBN 978-7-5139-4485-4	
定　价	49.80 元	

注：如有印、装质量问题，请与出版社联系。

前　言

诸位好，我叫伊藤，平时在市政府工作。

近年来，我和朋友一直在坚持举办"亲子沟通法则"的实践讲座。为了让大家足不出户也能获得亲临现场的体验，我决定将讲座内容文字化，于是便诞生了这本书。

肯定式指令、尝试一起做、创造环境等，这些有效的亲子沟通方法，各位家长可能早有耳闻。而我们举办"亲子沟通法则"实践讲座的目的，正是想让大家在一些轻松的练习中，切实掌握这些法则。

没有艰涩的理论，也没有励志的鸡汤，有的只是练习、练习和练习。因此正在阅读这本书的家长们，那些"让你不知如何是好"的教育情景即将涌来，你准备好尝试"红蓝法则卡片"的练习了吗？

不过请放心！只要坚持简单的练习，进步定会如期而至。因为在参加过讲座的各位父母身上，我们已经看到了可喜的成果。

我相信，只要跟随本书进行教育练习，各位读者也能和参加过讲座的家长一样，获得如下体验：

1. 在轻松愉悦的氛围中，家长有机会练习和孩子打交道的基本方法，并尝试在实际生活中运用。

2. 虽然仍旧难免遇到挫折，但父母与孩子有效沟通的次数增加了。

3. 家长不禁惊叹："原来仅仅做到这些就能改变！"

4. 即使孩子闯了祸，当我们想到"这种类型的问题我能应对"的时候，也可以因此感到些许从容。

同时我想说，"亲子沟通法则"实践讲座的原则是：**练习这些基本沟通方法，并根据具体的家庭情况，把自己觉得顺手的内容拿去用。**而非被束缚在"这种情况下必须要这样做"的条条框框中，成为规则的"困兽"。

和孩子打交道这件事，无论是从技术层面还是从精神层面，都绝非易事。与照看过很多孩子的专业人士不同，大多数父母带过的孩子还不超过三个，算得上是育儿领域的"新手""小白"。因此出现亲子沟通失败，家长忍不住怒吼"你这个坏孩子"的情况，也在所难免。

与其在愤怒爆发后，家长一边念叨着"绝对不能再生气了"，一边后悔自责，不如**持续地练习沟通技巧，积累教育经验，继而提高亲子沟通成功的概率。**

"完美教育？" "轻松教育！"

请允许我进行一个简单的自我介绍。本人现年 42 岁，除妻子外，家中还有两个在上学的孩子，分别是初中生和小学高年级学生。

两个孩子在小的时候确实可爱，几年前还只会嚷着"要抱抱"！然而现阶段，随着沟通程度的加深，我只能乐观地说，我做家长的境界也得到了有效的提升。

我现在从事的活动，可能会让大家误认为我是个"教育达人"，但其实并非如此。**我并没有做到所谓的"完美教育"，也从没把其当作目标。**无非是托了工作环境的福，比别人多了一些练习的机会，**从而在教育自己的孩子时，稍显松弛、理智和高效罢了。**然而控制不住发火也好，没能顺利沟通导致栽跟头也罢，其他类似的情况仍有不少。

在从事教育咨询服务的过程中，我遇到了太多被亲子问题搞得一团糟的家庭；各路专业人士，如社区保育员、保健医师、咨询师等，也同样为亲子关系感到头痛。他们和家长打交道时常常自责："要是自己能做得更好，这位妈妈就能轻松一点了。"但是又苦于他们能向家长传授的技巧也非常有限。

起初接触咨询工作时，我也屡屡遭此窘境。在一次关于虐待儿童的咨询中，我对家长说："不打孩子，一定也能解决问题，我们一起想想其他办法吧。"然而对方的一句："那到底怎么做才好啊？"一下子就让我哑口无言了。

教育孩子，只要练习，就能慢慢做好！

当今时代，关于教育孩子的书籍、讲座、网站等多如牛毛，然而能实际去练习和运用的机会却屈指可数。

于是一部分家长便会陷入这样的困境：**脑子里空有教育孩子的知识储备，却从未练习过，导致很难实际运用。**在这种环境下，每当政府和育儿支援团体举办关于育儿练习的讲座时，现场定会座无虚席，且好评如潮。

见此情形，不禁使人发出"如果能有更多这样的实践型讲座就好了"的感慨。正是怀着这样的心情，笔者偕好友将这一活动坚持了下来。

虽然一起举办讲座的同道中人日益增加，我依然感到不足。为了能让更多父母获得**"原来仅仅做到这些就能改变！"**的亲身体验，还是需要借助更多媒介……于是我决定出版这本书，把讲座中的现实体验以文字的形式再现。过程确实不甚容易，但经过不懈的努力，这本书终于得以和大家见面了。

◎本书所涉及的"亲子沟通法则"实践讲座，是以渡边先生所撰写的《机中八策》为灵感创作而成，后文会附有相关说明。

《机中八策》不仅涉及亲子之间的沟通，而且涵盖了日常生活中的人际交往技巧。从小的方面来说，这是一个通过亲身体验，来学习肯定式交流的讲座；从大的方面来说，这是一个倡导积极沟通的社会性活动。我将《机中八策》的内容加以改造，以一种育儿讲座的形式呈现出来，这便是本书中的"亲子沟通法则"了。

推荐语

注册心理师·临床心理师　**渡边直**

恭喜伊藤，这本书终于成功问世了。

我之前写过一本名为《机中八策》的书，遗憾的是其中留有一些未能深入阐述的部分，而在这本书里，伊藤帮我把它补全了，实在是非常感谢。

同时也感谢打开此书的读者朋友们。"练习手册"式的育儿书籍本就稀缺，但大家还是在茫茫书海中选择了这本书，着实令我心怀感恩。

这本书并非所谓的专业书籍，并不以严谨的理论见长，各位读者不用担心因读不懂而感到头昏脑涨，还请放松、大胆地翻阅下去。同时本书中也没有诸如"在这种情况下，必须这么做"之类的定则。但有一个要求，就是不断练习，不断重复伊藤主张的"红蓝法则卡片"练习。

因此本书也将围绕**"扔掉理论、重视体验，让家长切身学到和孩子打交道的基本方法"**这一中心展开。当各位读者读到这本书的后半部分时,可能会产生"这么做的话,是不是也行呢?"的想法——这便说明你已经切实掌握了这些技巧。

我在儿童咨询所工作,毫不夸张地说,在这里能遇到关于育儿的一切问题。自21世纪初,也就是从2000年开始,儿童咨询所接受了大量与虐待相关的案件。以至于"儿童咨询 = 儿童虐待咨询"的这种印象,至今仍扎根在国民心中,并持续加深着。在我从事这一工作时,伊藤先生恰好也在市政府任职,隶属于处理儿童虐待问题的相关部门。也就是这个时候,我们二人得以结识。虽然分别隶属于儿童咨询所和市政府这两个不同的机关,但我们都听到了当事者们类似的心声:**"真的不是因为想打孩子才动的手。"**

那么在面对孩子时,家长究竟应该怎么做呢?

近年来,市面上有很多极富专业性的家长管理及育儿培训班,一些政府人员在培训班学习了技巧后,投入大量时间、精力进行巩固,才能够最终灵活运用。但问题是,当孩子心中产生了委屈、恐怖、痛苦等负面情绪时,就代表事情已经发生,刻进孩子心中的创伤已无法抹去。因此我一直在想,**要是有什么法子能提前预防这样的事就好了。最好还是简单易学的方法,能让更多的人受益。**

2012年,我从出差地高知返回东京的途中,突然在飞机上有了灵感,写下了一本《机中八策》。给予大政奉还(注:日本著名历史事件,标志着持续260多年的德川幕府统治结束)重大影响的维新八策是坂本龙马在船中想好的,因此叫《船中八策》,那么我在飞机上写成的内容自然就叫《机中八策》了。

伊藤先生把《机中八策》的部分细节加以改编,创作了这本主攻练习的书。现在想想，正是当年志趣相投的两人结识，才促使这件事成为可能。

让人豁然开朗的伊藤世界已经在向你招手了，那就让我们赶快进入这个世界，去寻找专属于您与孩子的好办法吧。

contents 目录

第 ❷ 章 亲子沟通法则二：

尝试和孩子一起做

第 ❸ 章 亲子沟通法则三：

表示理解孩子的心情

引言

在开始练习之前

教育孩子为何变得如此棘手？

　　包括笔者在内的很多家长总是不禁感慨："在这个时代，教育孩子可真是费心思。"然而这种感慨的出现并非偶然。目前正处于育儿阶段的家长以"80 后""90 后"为主，而"80 后""90 后"成长的时代背景又与现在大不一样。在那个年代奉行"不打不罚不成器，棍棒之下出孝子"的教育理念，孩子**被父母教训、被要求面壁思过，甚至被打被骂也毫不稀奇。**

　　笔者小时候做错事，所面临的也是这番情景，为了躲避惩罚，我甚至曾偷偷躲进仓库里。

　　在当时，连电视剧和动漫所倡导的管教方式，也是拳头和巴掌。这种风气在当时十分普遍，因此我们的父母也紧跟"潮流"，毫不顾忌地打骂子女，直言不讳地否定孩子。

　　然而到了现在，时代风气悄然转变：打孩子会被扣上"虐待"的帽子；父母一旦没有忍住，对哭闹的孩子发火，立刻会遭到周围人的白眼，甚至被举报出警。

　　教育孩子的时代背景可谓发生了翻天覆地的变化。作为一名市政府工作人员，我时常接到有关虐待孩子的举报，并对其进行调查、调解。孩子的人身安全与权利越发受到重视和保护，这种趋势值得欣慰，但随之而来的问题是，父母被困在左右为难的处境中：从没有人教过自己该如何教育孩子，偏偏时代对自己的要求又如此之高。

　　首先，各位家长不妨回想一下，自己小时候总是能得到父母的夸奖吗？当今时代所提倡的是："好的教育就是要多鼓励，让孩子在赞美中成长。"我们这一辈人被赞许的时刻固然会有，但相较于在"夸夸世界"中长大的孩子，父母们曾经获得的夸奖终究还是少数。

如此想来，现在的父母处境真是艰难。"我不想冲孩子发火，也不想骂他。如果可以，谁不想多夸夸孩子，以和平的方式解决问题呢？"

"可是，就是因为做不到才郁闷啊！"

大概十年前，我就开始思考，面对处在两难困境中的家长们，我们这些负责处理虐童事件和专门从事育儿指导的工作人员，真正能做些什么呢？思考所得，便有了这本书。

大家普遍面临这样的情况：父母深知应多夸奖孩子，用和平的沟通方式解决问题，但没有人指点自己具体该怎么做，因此在实践中依然感到束手无策。即便我们想回头问问自己的父母："怎么夸孩子？怎么用肯定的方式教育孩子？"他们大概率也只会摇摇头，说："不知道。"

养育的环境如此不同，各位父母仍然能不断地向困难发起挑战，在我眼里，这真称得上当代楷模了。基于此，便有了我创作本书的初衷：**帮助各位父母掌握当今社会提倡的教育方法，并且提供一些轻松练习的场景。**

总之，如果大家也苦于难以践行"夸奖式教育"，请在心中默念：**"我会尽力，但时代更应有所改善。"** 这句话真的很重要，请**务必牢记**。

为什么要做教育孩子的"练习"？

首先要从前文所提到的讲座说起。**这个讲座本身就是个专注练习的讲座，通过练习教育孩子的方法，达到逐步运用的目的。**

但令人有些不可思议的是，在教育孩子的领域，"练习"一直没有被重视过。 我们可以想一想，体育项目也好，乐器以及日常学习，等等，都需要进行大量练习，连学车时都得去驾校或者上路练习。然而能进行育儿练习的场所呢？一时之间还真想不到。

我们以一名网球初学者为例。当他报名参加培训班后，会从最基础的击球学起，而后学习发球技巧、连续对打，在进行了一系列比赛形式的练习后，最终才能站上正式比赛的现场。他在比赛中必然会碰壁，但吃一堑长一智，这反而能够增加经验。

我们把这个例子，放在各位正在为教育孩子而苦恼的父母身上。

从成为父母的那一刻起，大家都是毫无经验的新手。然而，连一秒钟的过渡期都没有，我们就这样走进了正式比赛的现场，即教育孩子的赛场。毕竟大家从未练习过，于是便不得不向教练，如体检中心的保健师、幼儿园的老师等教育方面的专业人士请教。这时教练们大概率会说："你多鼓励鼓励孩子！""孩子已经做得不错了，慢慢来！"听到诸如此类模糊的道理，家长肯定不禁暗想："道理我都懂，但正是因为做不到才来请教的嘛！"

其实行动大纲也好，道理也罢，其本质是没有问题的，它们也让不少家长受益匪浅。但家长们一想起前文提到网球培训班的例子，又觉得只有这些教育理论还远远不够。

如果加上练习是不是会更好呢？

或者，教练在给出具体建议后，能实际指导我们实践一下岂不是更好？

还有一件让人感到不可思议的事：每当有人试图把教育孩子的方法总结成文，或者像笔者这样组织练习时，就有人跳出来指责"育儿同质化"，或以"家家的情况都不同""纸上谈兵"等话语进行抨击。可是大家在参加社团活动或各种兴趣班时，不也是一路练习走来的吗？为什么**大众广泛接受体育项目或乐器的练习，却排斥教育孩子的练习呢？**实在令人感到不可思议。

因此我们"亲子沟通法则"实践讲座便身先士卒，主动承担起了"为育儿练习正名"的重任。

跟体育项目的练习一样，教育孩子的练习，其本质也是围绕一些教育的基础方法，比如夸奖孩子、冷静表达等进行反复练习和实践，仅此而已。

最开始难免遇到挫折，但只要坚持，就能看到效果。

而这也正是练习的意义所在。

同时，作为一名育儿支援工作者，我还发现了第三件令人感到不可思议的事——在众多"学习如何与孩子沟通"的讲座中，专业学术类的讲座竟是现如今的主流。无论是对于举办方，还是参加者，授课过程都相当困难。主办方和主讲人也曾试图把讲座的难度降低，比如有些专家会把专业育儿知识以一种幽默诙谐的方式讲出来——不过到底还是换汤不换药罢了。

在这里突然转变话题，可能会显得有点唐突。我想问一下大家，你们平时都骑什么样的自行车呢？为了日常出行的需要，花大几千元买山地车、公路车的应该是少数，大部分消费者会选择普通自行车。对我们大多数人来说，自行车只要骑得顺手，能满足日常出行，就足够了。

其实我只想表达一个意思，在育儿界中，属于"普通自行车"一派的讲座，也应该占有一席之地。我们不能否认那些理论派专业讲座的意义，但同样不可否认的是，并非所有人都想要"公路自行车"。事实上，家长对那些理论性不是很强，但简单易学易上手的讲座呼声更高。

为此，我们创办了"亲子沟通法则"实践讲座——**简单易学，行之有效，还不需要过多的专业知识**——正是育儿界讲座中的"普通自行车"。阅读这本书的家长们，请怀着**骑小单车出门的心态，轻松地进行练习吧！**

本书能帮家长取得怎样的效果？

如果要用一个词概括，那就是**"中规中矩"**。

不是说跟着这本书做完练习，大家就能搞定养育过程中遇到的大大小小各类难题。

因为我们的练习所涉及的都是最基础的知识。这意味着，一方面它确实能在很多情况下灵活运用，稳定发力；但另一方面，也正是由于太过基础，导致其没有什么"杀伤力"。尤其是面临复杂的问题时，只凭这本书的内容，一定是难以应付的。毕竟这本书真的只给大家提供了最基础的练习。

但换一个角度思考，正因为如此，**我们才拥有更多的发挥空间和可能性。**

这本书看起来总像在鼓吹："只要这么做就能万事大吉！一定要这么做！"但事实绝非如此。经过反复练习后，我们常听到的反馈是："和孩子沟通的效率提高了！""要是往常，我早就发火了，但现在能冷静下来处理问题了。"这些细微的变化，才是我们最终能取得的实际效果。

请尽管放心，**只需这一点点的变化就足够了。**

从我们问卷调查的结果来看，根据参加者的主观感受，假设参加讲座之前每天跟孩子发火的频率是十次，那么参加讲座后发火的频率则降为六次左右。也就是说，即使进行了大量练习，也不能实现从十到零的转变。

尽管只**"减少了四次"**，但还是能切身感受到变化。如果把生活中的各种小事都纳入教育孩子的范畴，那一天之中得有几十次的沟通机会。如果以前我们每天发火十次，经过练习之后，其中四次没有冲孩子发火，而是以"这件事应该这么做哦。""哦哦，是这样吗？""对、对，真棒！"这种平和的沟通方式解决，不仅父母身上的担子会变轻，亲子关系也会朝着好的方向慢慢变化。同时，不仅是家长一方在努力，通过良好的沟通，孩子也能主动给我们提供一些正向的反馈。只要成功的概率能稍稍提高一点，**坚持一至两周，沟通效果就能有肉眼可见的提升，坚持一年可能就是"天壤之别"了。**日积月累所取得的效果真是不容小觑。

如上所述，**通过大量"红蓝法则卡片"的情景练习，提高顺利沟通的可能性**，就是阅读这本书所能取得的效果了。

本书主要面向哪些读者，适合几岁孩子的家长阅读？

参加"亲子沟通法则"实践讲座的听众中，女性的人数呈压倒性优势，而这本书又以讲座为蓝本，因此本书**主要目标人群就是处于育儿阶段的各位妈妈**。

当然，**这并不等于我赞同"教育孩子是母亲的工作"这一落后的论调。**

笔者在从事育儿咨询相关的工作时，即便是妈妈一个人来咨询，我也时刻强调："爸爸也应该积极参与咨询。""亲子沟通法则"也十分重视爸爸们的参与情况，我也曾专门策划过许多面向爸爸或者父母双方的讲座。

由于听众的情况不同，面向妈妈的讲座和面向爸爸的讲座便呈现出了不同的特点。

如果是面向妈妈，主讲人就能以生活中的常见场景作为素材："这种场景我们肯定都不陌生，那我们应该如何避免呢？现在我们两两一组，赶快练习一下吧！"引导参会者很快进入状态。妈妈们也总能积极地发言，甚至可以从最开始设定好的场景，逐渐走向精彩的即兴发挥。

但如果是面向爸爸的讲座，比起生活中的素材，方法论、对未来的规划，或者探寻问题本质等话题，才能引起更强烈的反应，这不禁让人嗅到一丝公司研讨会的气息。同时，爸爸们在练习过程中看起来也更拘谨。我甚至怀疑，是不是得整点小酒小菜，才能让现场氛围活跃起来。

因此，既然我们的讲座主要面向妈妈，而这本书又以讲座为蓝本，因此主人公便被定为了妈妈。笔者的期望之一，就是能开展一个面向爸爸的"亲子沟通法则"实践讲座，目前也在朝这个方向努力着。

本书中涉及的被教育对象，主要是三岁以上的孩子。

每个孩子的情况都不同，没有必要和其他家庭的孩子进行比较。归根结底，"亲子沟通法则"实践讲座所传授的内容是围绕着口头上的沟通技巧进行的。因此，这些法则对三岁以上的孩子更为有效，**且在从四岁至小学低年龄段的孩子身上最能看到效果。**当孩子进入小学高年级后，随着青春期的到来，家长进行教育实践可能会变得比较费力，但那套最基本的规则仍然适用。对于零到两岁的孩子来说，虽然练习沟通技巧为时尚早，但我个人非常赞同家长考虑到一至三年后的情况，选择提前"预习"这些沟通技巧。如果**父母两人能一起"预习"亲子沟通法则，那么真正到了教育孩子的时候，就能配合得游刃有余了。**

最后笔者想说，如果家长认为孩子的发育可能存在问题，或者出现了"无论如何都解决不了问题"的时候，这本书便不能再向你提供帮助了，请立刻联系专业人士。

说来说去，大家的耳朵可能都听得起茧子了，我们赶快进入正题吧。

这本书介绍了什么内容？

本书坚持认为：**"底子打得好，万事没烦恼。"** 虽然只是简单的练习，但父母可以通过练习最常用的沟通方法，提高亲子之间的沟通质量，从而逐渐减少孩子的问题行为，以及亲子间的摩擦。

书中包含大量练习，因此大家读着读着可能会想："这么多练习吗？居然还有……？"但实际上，笔者在讲座中也贯彻着"将练习进行到底"的原则。毕竟我们的目的就是通过不断练习，提高活用频率。

总体来说，减少孩子的问题行为以及亲子间的摩擦，便是这本书的主体内容。请牢记这一点：**"在本书中我得练习至少六种法则！"**

务必活用蓝色卡片和红色卡片！

接下来我要介绍一下前文所提及的卡片。

请把最前面的"红蓝法则卡片"拿出来，放在桌子上。

大家可能会担心："取下来以后会不会弄丢啊？"但请放宽心。

因为我们还准备了电子版，只要扫描右侧的二维码，即可获取电子版。图片既可以在手机上看，也能多次打印，请放心大胆地把最前面的卡片撕下来吧。

关注公众号后发送"红蓝卡"

而且，就算是一忙起来把卡片弄丢了，或者被孩子当成了玩具也不用担心。毕竟嘛，卡片也只是消耗品而已。

那这些卡片要如何用？

- ●跟着本书练习时，一边看着卡片一边练习。
- ●书的内容读完之后，把卡片贴在冰箱或墙上。
- ●夹在笔记本里，随身携带。

这就是我认为的完美用法了。

据参加过讲座的父母反馈，每当看到贴在冰箱上或夹在笔记本里的卡片时，脑海中就能浮现出练习的场景。我们现在把第一页的六张卡片叫作"蓝色法则卡片"，第二页的八张卡片叫作"红色法则卡片"。本书内容以六张蓝色法则卡片为中心展开，辅以八张红色法则卡片作为反面教材。

首先请将视线转移到代表传统沟通方式的红色法则卡片上——我相信很多人擅长这些沟通模式，而且大多数还是无师自通。

比如孩子玩完玩具，却没有收拾时：

- ●模棱两可："你作为哥哥 / 姐姐要起带头作用，要听话。"
- ●否定形式："你别光把玩具拿出来就不管了啊。"
- ●威胁恐吓："你如果不收拾的话，我就都给你扔了。"
- ●逼问攻击："为什么不把玩具收起来？"即使孩子说了理由，家长也会继续责骂。

●**过长说明**："你不把玩具收起来的话，到时候就会被别人踩到或者踢走。要是找不到心爱的玩具，你肯定又该哭了。明明是好不容易收到的生日礼物……"

●**故意挖苦**："你是觉得不收玩具挺好是吧？真是你小子能干得出来的事。"

●**给予惩罚**："既然你不听话，那今天的零食没有了。"

●**大发脾气**：好像不需要说明。

接下来请把目光投向蓝色法则卡片，上面写了一些大家早已司空见惯，却能切实提高效率的沟通方法。这六张卡片，介绍了和孩子打交道的基本法则，能够广泛应用于多种场合。学会这些法则后并非能够一劳永逸，但它们既有广泛的通用性，又有较高的灵活性，因此时常练习有百利而无一害。

六张蓝色法则卡片记载了和孩子打交道的基本法则，家长们可以通过针对性的练习、实践，进而实现进步的目标。它们分别是：

●告诉孩子应该做什么，而不是禁止做什么；

●尝试一起做；

●表示理解孩子的心情；

●创造环境；

●夸奖。

大家可能也发现了，在蓝色法则卡片中出现了一张写有"询问·让其思考"的黄色法则卡片。这是因为该法则运用得好，就是安全的蓝色法则卡片；要是运用失当，就会变成危险的红色法则卡片。

我们可以把蓝色、红色和黄色卡片想象成交通信号灯。有一点需要切记：红色法则卡片上虽然都是些负面的内容，但并不代表这些行为"绝对不能做"，或"做了就会变成不合格的父母"。**毕竟红色法则卡片上的内容，很可能还没等我们反应过来，就已经说出去了，这是谁都没办法避免的。**

只不过，**我们再怎么从红色法则卡片这里发力，即再怎么努力训斥孩子，也只能导致自己身心俱疲，所以请尽量远离红色法则卡片。** 就算一不小心启动了红色法则卡片上的行为，那也不用过分自责，接下来只要努力使用蓝色法则卡片上的沟通法则就好了。

第1章

亲子沟通法则一：

告诉孩子应该做什么，而不是禁止做什么

至此，本书的开场白终于结束，接下来要进入正题了。

首先请把目光投向**第一张蓝色法则卡片——"告诉孩子应该做什么，而不是禁止做什么"**。

当我们向孩子表达自己的诉求时，如果能围绕"具体行动"进行对话，则更容易取得事半功倍的效果，比如"这次的……做得真棒""刚才的……是不对的哦"等，都是这个道理。

在此基础上，我们把范围再缩小一点，**当我们指出孩子的问题时，相比于"不要做……"的全盘否定，稍微转换下思路，用肯定的语气明确指出"你应该做……"就能使沟通效率进一步提高。**

"应该做……哦。""做……吧！"肯定式指令就是这么简单。

别用让孩子困惑的否定式

事不宜迟，那就让我们来实际体验一下吧。正如前文所说，"亲子沟通法则"实践讲座就是一个不断练习的讲座。本书也延续了这一风格，各位读者只要跟随本书进行实际练习或联想练习，理应能够获得同参加讲座一样的效果。

因此读者们不能仅仅停留在阅读这一层面，一定要大胆动起来、大声说出来。如果觉得困难，可以在心中默念，而后真正地去做、去实践。

看到这里，大家是不是已经跃跃欲试了？接下来我会发出三个指令，请大家听从指令尽快做出相应的行动，一定要动起来。请做好准备，我们要开始了。

"不要坐下！"

"不要把嘴闭上！"

"不要做奇怪的动作！"

如何？感觉怎样？

最开始的"不要坐下！"虽然是围绕具体行动发出的指令，但不禁让人感到莫名其妙，各位读者也可能有一瞬间摸不着头脑——"不要坐下？嗯？可能是想让我站起来吧。"我在讲座上发出这个指令时，反应快的人会怔愣一下，再站起来；反应慢一点的人，则会迟疑个两三秒，才犹犹豫豫地起立。大家起身后也是面面相觑，脸上写满了疑惑不安。

至于我刚才的话**为什么会让人感到费解，问题就出在"不要做……"这个否定形式上。**

请再次拿出手中的"红蓝法则"卡片，在红色法则卡片中"否定形式"是不是赫然在列？

否定式表达的问题在于，它只提供了"当下的行为是错的"这个信息。也就是说，听到这句话的人不得不去思考，自己应该怎么做才对。在这种情况下，连大人都难免会迟疑，何况孩子呢？孩子不仅需要更多时间去思考，而且思考无果后也更容易不知所措地愣在原地，进一步引发亲子矛盾。否定形式的沟通效率太低了，反之，"应该做……"这种肯定形式更能单刀直入地表达自己的诉求，对方理解起来也更加轻松。**相比于"不要坐下"，是不是"站起来"更加简单明了呢？**

刚才的第三个指令——"不要做奇怪的动作"，"奇怪的动作"其定义本身就模棱两可，再加上否定形式，简直就像打了套复杂的组合拳。这时大家可能也注意到红色法则卡片上的"模棱两可"。**所谓模棱两可的表达方式，即表面上看起来对话成立，实际上并没有传达清楚内容**，这种表达也暗藏隐患。

举个例子，当孩子在超市里上蹿下跳时，亲子间很容易发生如下对话。

> 妈妈："臭小子，你给我听话点！听到没啊？"
>
> 孩子："哦，知道了。"

那么请问"听话点"——妈妈说的这句话该怎么解释？孩子虽然嘴上作了回答，但内心真的在反思吗？上面的对话显然是成立了，但妈妈和孩子都在想什么，谁也无从得知。如果稍后孩子的行动达不到妈妈的预期，那么他耳边大概率会响起熟悉的怒吼："我刚才说什么了？你到底有没有听进去，别太过分了！""别太过分"是最有代表性的模棱两可式表达了。

那么让我们再回到"不要做奇怪的动作！"这个表达上，既说得模棱两可，又带有否定含义。因此当我在讲座上发出这一指令后，现场一片混乱。甚至不知为何，大家纷纷做起了"大鹏展翅"的动作……

　　如上所述，**当我们指出孩子的问题时，用肯定的形式，明确说出"你应该做……"才是实现高效沟通的最佳表达方式。**

亲子沟通练习时间到！

请根据以下不同场景，使用"你应该……""要……"等进行作答。家长们当然可以在心中默念，但最好还是要尽量大声说出来，毕竟练习靠的是肌肉记忆。

接下来出场的孩子名叫太郎，人物设定为 4 岁。

◎这本书只是练习一些与人沟通的基本法则，不涉及"在我家，这种情况是不会训孩子的"等价值观问题，因此如果有和大家的价值观或个人认知不一致的地方，还请忽略。

如果读者的孩子已经是小学生或者中学生，也不必担心。这些基础的沟通方法，无论在多大的孩子身上，都有用武之地，大家可以一边回想着"确实有过这样的时候"，一边进行练习。**只要坚持练习，总归能够看到成果。**

 从购物车上站了起来！ ——**突发行为的应对练习**

孩子闹人场景：

妈妈带着 4 岁的太郎在逛超市，太郎想坐在购物车上，妈妈就把他抱了上去。

然而，这才刚刚经过水果区，太郎就坐不住了，直接从购物车上站了起来。

面对从购物车里站起来的太郎，"告诉孩子应该做什么，而不是禁止做什么"这条法则似乎有了一个很好的施展机会。此时，如果我们想选用"你应该……""快点……"等句式进行简单高效的对话时，我们应该对太郎说什么呢？

蓝色法则卡片效率 UP 小提示

如果我们只看答案部分，可能会觉得"这说得也太简单了"，不禁对答案的权威性产生怀疑。

但是请你想象一下，假设我们在没有阅读前文的情况下，发生了"购物车事件"，父母会对太郎说什么呢？会不会用红色法则卡片中的方式，对孩子这么说呢？

"你干什么呢！别站起来啊！怎么不听话呢！我昨天也跟你说了吧，到底要我说几遍才懂？你是故意的吧？你要是再这样，我就不给你买零食了。你再不听话，我就自己回去，不管你了！从车上摔下来的后果，你不知道吗？小孩的头比较重，摔下来头肯定先着地，要是摔坏了脑袋就完了。你是又想去医院了吗？去了医院，以后可就再也不能去公园玩了啊。"

明明是随口一说，结果红色法则卡片的八条语言模式一条不落地全中，这真是太可怕了。

　　笔者在前文也写过，家长们稍不留意就会从嘴里蹦出来红色法则卡片所写的内容。说完这些话，虽然到不了亲子关系"立刻破裂"的程度，但由于传达效率低，家长无论再怎么努力使用红色法则卡片中的沟通模式，也只是徒劳。反而还有可能落得个无疾而终、身心俱疲的结果，**所以请尽量使用沟通效率高的蓝色法则卡片吧！**

　　当然，在刚才的情况下，我们即使说了"快坐下"，孩子乖乖坐下的可能性也不一定很高，毕竟孩子有时就爱跟家长对着干。**但无论如何，跟"你干什么呢！"相比，蓝色卡片上的内容还是略胜一筹。**只是稍微改变一下说话方式，就能提高沟通效率，那当然要选择"快坐下"了。

> **这么说的话就OK！**　　"快坐下！"

◎ "这么说的话就 OK！"给出的只是一个范例，只要大的方向正确，就可以使用。也正因为没有唯一的答案，故而家长不需要过分在意细节。

朝着零食区猛冲了过去！ —— 建立在公共场所的秩序感

孩子闹人场景：

我们接着刚才的场景继续说。在经历一番"斗争"之后，妈妈把太郎从购物车上抱了下来。然而太郎前脚刚落地，后脚便径直朝着零食区跑了过去。这时妈妈一把抓住太郎，想要用"你应该……""你要……"等指令冷静地教育他。

那这时妈妈应该说什么呢？在这个情景下存在很多备选答案，大家可以尽情地把想到的指令都说出来。

蓝色法则卡片效率 UP 小提示

在练习之前，笔者想先声明，因为我们的练习不触及任何与价值观相关的内容，都是非常基础的语言练习，因此使用最简单的**"你应该……""你要……"**足矣。

这么说的话就 OK！

"太郎，在商店里应该慢慢走。"

"你要跟在妈妈旁边。"

"如果想去看零食，你要先和妈妈说：'我想去看看零食。'"

在商场戳鱿鱼的眼睛！ —— 纠正不文明行为

孩子闹人场景：

妈妈和太郎继续在超市里逛着，这次来到水产区。家长一个没注意，太郎就把手伸向了鱿鱼的眼睛，不紧不慢地戳了起来。可这鱿鱼既不是残次品，又没有包着保鲜膜。

先不管出了问题，责任归谁，如果这个时候我们想用"你应该……""你要……"的句式来教育太郎，说什么比较合适呢？

蓝色法则卡片效率 UP 小提示

这个例子确实比较困难，即使在面向专业人士的培训中，他们思索再三后给出的答案，也只是"别乱摸！"。

我们在日常生活中，也经常遇到类似情况，家长不能立刻想出合适的指令，告诉孩子应该做什么。但是请放心，这个问题并非无解。参加讲座的父母也是在练习了两三次之后，才逐渐熟悉这种情况，继而做到对答如流的。多多练习、多多实践，自然就能得心应手。

同时家长们应该注意，即使**脑海中除了"不要……"之外什么也想不到，也必须认识到这是最低效的交流方式之一。**各位父母正是因为想不出要告诉孩子具体做什么，才说出了："别乱摸！"那听到了这句话的孩子，会理解成"那我下次只站在旁边看就好了"吗？好像不太现实。孩子在接收到了"不要乱摸"这一信息后，即使回了一句"哦"也不代表他明白了自己应该做什么，下一次很有可能再犯同样的错误。

当孩子做了错事后，用"你这么做是不对的，以后要【此处传达明确指令】哦"这样的方式与孩子交流，才是既简明又高效的交流方式。

虽然也存在"告诉其理由""让其反省"等附加选项，但交流的核心仍是**"告诉孩子应该做什么，而不是禁止做什么"**。

此外，父母不做出明确指令，而是"让孩子自己思考"虽然也是备选项之一，但在蓝色法则卡片的基础功能中暂时不做考虑。

这么说的话就 OK！

"只能站在旁边看鱿鱼哦。"
"看商品时，要乖乖把手放在身体两侧哟。"
"看商品时，要'立正站好'哦。"
"要提前问问妈妈可不可以摸哦。"

用脚趾按遥控器！ —— 遇到调皮的情况

孩子闹人场景：

太郎正坐在客厅的地上看电视。当他想换台时，直接用脚趾按了地上的遥控器。

在这时，如果我们要用"你应该……""你要……"来提醒太郎，应该怎么说好呢？

"要用手按遥控器哦。"

"遥控器需要用手按哦。"

冲妈妈说："我想拿托盘！" —— 从能够胜任的小事做起

孩子闹人场景：

妈妈带着太郎去快餐店吃饭。点好单后，妈妈端起了装着汉堡套餐的托盘，站在一旁的太郎突然朝妈妈说："我来拿托盘！"

因为托盘上还有果汁，妈妈觉得太郎一个人拿比较困难，于是对他说："还是妈妈来拿托盘吧。"但太郎并没有罢休，一直坚持说想拿托盘。这个时间段的餐厅人流量不大，是一个能冷静下来对话的环境，因此妈妈把太郎带到了餐厅一角。

那么如果想用"你应该……""你要……"的句式来告诉太郎应该做什么，怎么说比较好呢？请作答。

蓝色法则卡片效率 UP 小提示

太郎既然主动提出想要帮忙，那我们自然不想辜负孩子的心意。比起红色法则卡片的"不行！""别这么任性！"等斥责的方式，大家肯定更中意于"你可以……"这样的肯定形式来和孩子沟通。

比如，当妈妈手里提着很多东西或是不得不去照顾更小的弟弟妹妹时，太郎如果能帮忙拿一下托盘，占一下位置，或者吃完帮忙收拾桌子，确实能为妈妈提供很大帮助。而且**大家肯定也希望孩子能主动做一些力所能及的事。**当下次太郎再提出类似的请求时，不仅家长能更轻松一些，太郎的自主能力也能得到一定的锻炼。

在最开始的一段时间内，太郎很有可能会帮倒忙，反而增加了妈妈的工作量。**但从长远的角度看，这绝对是个"稳赚不赔的投资"。**

这么说的话就 OK!

"还是妈妈来拿托盘吧，不过要拜托太郎和妈妈一起把位置占好。"

"那妈妈来拿饮料，太郎要拿好托盘。"

"这次妈妈先拿，吃完之后再麻烦太郎把收拾好的托盘拿走哦。"

此外，像在刚才的场景中，我们不仅可以告诉孩子要做什么，还可以和孩子立下"以后也要这么做"的约定，而且实施起来很简单。

○亲子约定一例

妈妈边吃汉堡边说："下次妈妈要是拿饮料，太郎要拿托盘哦。另外，妈妈也想麻烦你帮忙占座位，太郎可以胜任吗？"

太郎："当然可以！"

妈妈："那太郎就负责拿托盘和占座啦。"

太郎："嗯！"

　　长此以往，**孩子自然而然就会觉得："这种情况下，就应该这么做。"而且孩子承担责任时，家长肯定会表扬几句，孩子得到夸奖后，则更容易做出我们所期望的行为，**那各位父母发火的次数，自然就会减少了。

　　以上就是第一张蓝色法则卡片"告诉孩子应该做什么，而不是禁止做什么"的全部内容。

　　尽量避开红色法则卡片上的方式，用"你应该……""你要……"等简单的话语，明确告诉孩子应该做什么，而不是禁止做什么。仅仅改变一下说话方式，就能获得截然不同的效果，以更高效的方式和孩子进行沟通，让孩子逐渐做出我们所期望的举动，大家都能更加轻松。这不正是各位家长想要的最好结果吗？

　　最后笔者想补充一下，前文提到的"围绕具体行动沟通""明确指出应该做什么"等原则，虽然专业教育人士表示学习过相关研讨课程，**但类似的说法大多数父母却几乎从未耳闻**……这之间的信息差，不禁令人"扼腕叹息"。

第 2 章

亲子沟通法则二：

尝试和孩子一起做

接下来是第二张蓝色法则卡片——**尝试一起做。**

家长**在明确告诉孩子应该做什么之后**，及时加上一句："**那我们一起来试试吧！**"在"尝试一起做"中，有以下两个可选项。

一起练习

即事前练习。

比如在面对不擅长道歉的孩子时，家长可以先下达明确指令："如果出现这种情况，那你要说'对不起'哦。"

紧接着再说："来，你试着对妈妈说一次对不起。对、对，就是这样，这不是做得挺好嘛。"

这就是事前练习。

一起实践

即当场实践。

比如家长当场教育孩子："**这种时候应该跟别人说'对不起'哦。走，妈妈和你一起去跟大姐姐道个歉。**"

"明确告诉孩子应该做什么"确实能具体有效地表达家长的诉求，**但口头传达的作用毕竟有限，因此一起练习实践也是教育孩子时不可或缺的一环。**各位家长都经历过这个常见的生活场景：

○**例**

每次准备洗澡时，太郎都会把脱下来的衣服直接扔到地上，迫不及待地跑进浴室玩水。妈妈觉得是时候教育孩子了，于是把脱下来的衣服收拾起来了，并告诉他："脱下来的衣服，要放进旁边的篮子里哦。"

但太郎心不在焉地应付两句，一心想着催促妈妈："哦！今天要不要玩小船呢？妈妈快点快点！"

这个场景下，大家觉得太郎有可能把脱下来的衣服放进篮子里吗？面对孩子力所能及却又不愿意去做的事，**"尝试一起做"法则正好可以发挥最大效用**，家长可以这样与孩子当场进行实践。

妈妈："衣服脱下来后，要放进旁边的篮子里，**我们一起做一下试试吧**。首先把衣服脱下来……对、对，再放进篮子里。这不就做到了嘛，真厉害！"

相较于口头传达，有了实际行动的加持，孩子会更容易理解家长的诉求。因而不断积累成功的经验，最终实现双赢。

同时，**比起让孩子一个人做，和孩子一起做则更稳妥，也不容易发生意外。**假如只发出指令，不搭配当场实践，孩子因理解能力有限做出错误的举动，最终还是会落得家长训斥孩子的结局，对话就会像下文一样发展。

❌

　　妈妈："妈妈现在要去拿换洗的衣服，你把衣服脱下来，放进旁边的篮子里。做完这些要乖乖在这里等着我哦。"

　　太郎："哦！"

　　家长回来时发现衣服还是扔了一地。

　　妈妈被激怒道："太郎！要我说几遍你才懂？"

　　和孩子一起做不仅更保险，还更容易取得成效。家长只要在沟通中稍微谨慎一些，多夸孩子两句，孩子就能做得更好。

　　同时，当我们实际尝试后，也能对"自己教给孩子的行为，到底在不在孩子的接受能力范围之内"这一问题有更清晰的认识。作为家长，肯定是抱着"孩子应该能够做到这件事"的想法，才让孩子去做的。很多时候却事与愿违。当孩子达不到要求时，我们不免会感到烦躁。但家长只要尝试着和孩子一起做之后，就能及时发现"操之过急"这一问题，让自己有机会去调整教育策略。当妈妈尝试和孩子一个步骤一个步骤地冲马桶时，就会发现对于孩子而言，整个过程有多复杂，也会进行反思："之前教得好像太早了点。"

✓

　　妈妈："上完厕所后要冲水，冲完水后要合上马桶盖，然后把门关好、把灯关上，才可以回来哦。来，我们一起试着做一做吧。"

　　太郎："冲水、关门……都有什么来着？"

　　妈妈自问："我是不是有点太心急了？"我要调整一下策略："让我们一件一件，慢慢地做吧！"

亲子沟通练习时间到！

感觉会在帐篷门口摔倒　—— 预判危险境况，应如何处理

孩子闹人场景：

今天是太郎一家的初次野营。到达野营地点后，妈妈一看到帐篷便有一种强烈的预感：太郎有可能在这里摔倒。

为什么呢？原来为了防止沙子被带进帐篷内，门口的沙子都被堆起来，形成了一个十几厘米的小土堆。妈妈仿佛已经看到了兴致勃勃的太郎跑进帐篷时，被土堆绊倒，摔了个四脚朝天的画面。

因此，妈妈决定一边"告诉他应该做什么"，一边"尝试一起做"。那么就按照这个顺序，开始我们的练习吧。

①告诉孩子应该做什么；
②尝试一起做。

蓝色法则卡片效率 UP 小提示

"尝试一起做"只需在"明确告诉孩子应该做什么"后加入实践就可以了。

其实这一素材来源于笔者的亲身体验。我们家进行第一次野营时，两个孩子还很小，一个六岁，另一个四岁。当我看到帐篷入口处比别处高的时候，就觉得两个孩子八成会在这里摔一跤。所以我

对孩子们认真地说："在帐篷门口很可能会被绊倒，一定要慢慢走进去哦。"他俩也信心满满地回复我："知道啦！"

然而没过三秒，俩孩子就被绊倒，径直"扑"进了帐篷……

围绕具体行动进行沟通固然重要，但仅凭这一招可不足以应对所有问题。就算孩子想要努力理解父母的话，也有可能囿于自身能力，无法达到父母的要求。

因此，尝试再向前迈出一小步吧！"尝试一起做"真的很重要。

这么说的话就 OK！

① **"要慢慢走进帐篷，大步跨过土堆哦！"**
② **"那让我们来试一试吧。"**
   （家长和太郎一起走进帐篷，或者目送太郎走进帐篷。*）

* 在某些情况下，家长与孩子"尝试一起做"可以转变为家长"在一旁守望"的形式。

还没洗手呢！ —— 在家培养卫生习惯

孩子闹人场景：

最近太郎从外面回来后总是不洗手，今天也不例外。跟妈妈买完东西回到家后，太郎径直走进客厅，一屁股坐在地上开始摆弄玩具。

妈妈走到沉迷于玩具的太郎面前，准备用"告诉他应该做什么"和"尝试一起做"来教育他，这时应该说什么呢？

蓝色法则卡片效率 UP 小提示

关于这次的例子，我会介绍两个不同的版本，分别是简洁版和复杂版。复杂版虽然效果更好，但也稍微麻烦一些。

那这两者分别适用于什么场景呢？**经常发生的问题，第一次出现时要用复杂版应对；偶尔发生的问题可以用简洁版；若持续未能得到解决的问题，则要再次启用复杂版。**

复杂版的重点在于——要一步不落地做，中间不能懈怠。如果妈妈要教育太郎"回家洗手"这件事，就需要从进家门那一刻开始教他，直到把手洗好为止。

跟着这本书进行大量模拟练习后，各位家长可以逐渐将其运用到实际生活中。**其实孩子也可以通过具体行动加深肌肉记忆，进而提高个人行动的成功率。**

这么说的话就 OK！

【简洁版】
①"到家后要先洗手哦！"
②"走，我们一起去卫生间。"
【复杂版】
"我们先去门外，好的，现在要进门了。进门后要说：'我回来了！'脱完鞋，直接去卫生间。现在开始洗手吧。"

一让他看超级战队的话就变成这样　——培养健康的用眼习惯

孩子闹人场景：

　　太郎一看起电视，就总是凑到电视机跟前。只要能看上电视，无论妈妈说什么，太郎都会老实听。今天播放的正好是他最喜欢的超级战队，在看到屏幕里大显身手的英雄后，太郎忍不住又向电视机凑了过去。

　　这时，请使用"告诉他应该做什么"和"尝试一起做"这两个法则速战速决。

这么说的话就 OK！

① "太郎，你要坐在沙发上看电视哦！"
② "对，就是这样坐在沙发上。"

奇怪的拿伞姿势，导致全身湿漉漉　——不当行为的逐步带做纠正

孩子闹人场景：

　　天上正下着小雨，妈妈和太郎撑着伞走在路上。可是太郎却不好好拿伞，一会儿举着伞柄前后晃来晃去，一会儿又把伞横过来，导致身上都快湿透了。

　　那这个时候，该如何运用"告诉他应该做什么"和"尝试一起做"这两个法则呢？

> 蓝色法则卡片效率 UP 小提示

这是一个**"相较于口头说明，一起实践更加简单高效"**的典型例子。

比起用语言努力解释正确的举伞姿势，如果家长能边说边同步示范，比如："伞要放在身体前面！竖着拿！你做一下。再像我这样稍微举直一点，对、对，就这样，很好！"既能提高沟通效率，又能减轻家长的压力。

① "伞要放在身体前面，记得要举直哦。"
② "来，你来做一下！"

第 3 章

亲子沟通法则三：

表示理解孩子的心情

第三张蓝色法则卡片的法则是——**表示理解孩子的心情。**

"多考虑孩子的心情""站在孩子的角度考虑问题"等类似的亲子沟通方法，在各种育儿讲座或是育儿书中经常被提及，大家也已经对其耳熟能详。现在我们要做的，就是将这条教育理念付诸行动。

在这一章节中，我们将介绍共情和重复两种方法。

用共情表达理解："我明白的哦。"

当我们感觉能够理解孩子心情的时候，就可以通过**"确实想……呢""确实是……呢，妈妈明白哦"**等话语，暗示自己和孩子是站在同一方的盟友。在这一章节中，我想让正在阅读这本书的读者们扮演孩子的角色，**亲身体验一下被共情的感受。**在此之后，大家就能多站在孩子的角度思考和行动了。

请记住，从现在开始，大家的身份是 4 岁的太郎。

妈妈从朋友那里收到了一小盒包装精美的巧克力，在下午茶时间要和太郎一起分享。美味的巧克力很快就被吃得只剩一颗，这颗是留给爸爸的。然而，太郎却说想把最后一颗也吃光。

现在大家扮演的角色是太郎，妈妈总是能站在太郎的角度考虑问题。接下来请大家全身心投入这一角色，从他的视角出发，一边想象，一边慢慢放声读出以下加粗的文字。笔者很想让大家亲身体验一下，这种就算撒泼打滚，也会被妈妈无条件理解的心情。那就让我们赶快开始吧！

太郎：“我还想吃巧克力！”

妈妈：“嗯，我知道你还想吃，但剩下的这颗是留给爸爸的。没办法，让我们收起来吧。”

太郎：“我想吃爸爸那份！”

妈妈：“妈妈明白，因为巧克力真的很好吃呢。”

太郎：“想吃！”

妈妈：“确实是，大家都想吃。但这是留给爸爸的，所以得收起来了。”

太郎：“我想吃。”

妈妈：“来，让我们一起把它放进冰箱里吧。”

太郎终于不太情愿地走向了冰箱。

妈妈：“太郎真棒！快过来让妈妈抱抱！”

　　大家是不是多少体会到了这种被理解的心情？是不是还会有“既然对方都这么体谅自己了，那自己也不好再多说什么”的感觉？

　　讲座中，笔者会邀请参加者分别体验妈妈和孩子的角色，然后两人一组进行练习。结束练习后，我问在刚才扮演孩子时，有哪些家长产生了类似“还是稍微听一下妈妈的话吧”的想法，请举一下手。结果将近百分之九十的家长都举起了手。共情似乎看起来过于简单，但实际上，切实有效的沟通也并没有想象中复杂。

　　其实不仅是在育儿领域，“表示共情”在其他领域也是绕不开的话题。在恋爱话术中，当听到对方倾诉烦恼时，相比于一上来就理性分析出现烦恼的原因，表达自己的感同身受更为重要。在与职场相关的书里，我们也时时能看到类似的内容，尤其是在应对客户投诉的培训中，"表示共情"更是经常被提及。

　　无论是大人还是孩子，当直接被告知"不行"，或被对方阻止时，肯定会心生不快。但如果对方在最开始就表示了对自己的理解，那他也并非不通情理。**所以，当我们想阻止孩子、教育孩子时，如果能在表达共情后，再进入正题，就能有效减少沟通失败的次数。**当然，归根结底也只是减少，杜绝是肯定做不到的。

　　※ 即使表达了共情，也不一定能解决问题，比如在刚才的巧克力事件中，当我们重复了太郎的话、表达了对太郎心情的理解后，如果他借此开启了"死缠烂打"模式，那情况反而变得更加棘手了。

　　所有蓝色法则卡片所教授的技巧中，没有万无一失的办法，只有适合自己的方法。效果如何，还是取决于各位父母的运用情况。请家长们多多实践，摸索出适合自己家孩子的那套方法吧。

以重复表达理解："确实是……呢。"

　　有些时候，我们并不能和孩子取得情感上的同步，这种时候重复或许是个更好的选择。当孩子说出了自己的想法后，家长只需要把孩子的话搬过来重复一遍，就像鹦鹉学舌那样。

　　比如孩子主动提出要去公园玩，即将出门时，他却突然说："我不想穿鞋！"如果我们能理解孩子的心情，可以说一句"不想穿鞋呢，妈妈理解"。但如果我们无法共情，那么重复一遍"太郎不想穿鞋呢"

就好。

通过重复孩子的话，**一方面能接住孩子抛出来的内容，给自己留出思考时间，考虑接下来的应对方法。**另一方面，家长也能换一个角度，站在孩子的立场上看待这一问题。

此外，**通过重复孩子的话，我们还可以避免说出多余的抱怨，防止事态往糟糕的方向发展。**如果家长不重复太郎的话，马上开启反击模式，就会演变为训斥。

太郎：　"我不想穿鞋！"

妈妈：　"你再说一遍？是谁说想去公园玩的！"

但如果家长运用蓝色法则卡片中的重复法则，为自己争取思考时间，事情则会有不同的走向。

太郎：　"我不想穿鞋！"

妈妈：　**"不想穿鞋……这样啊。"**

这让家长有时间思考："这种情况下，该怎么办才好呢？"而且通过亲口重复一遍，家长也能体会到太郎的心情："对孩子来说，自己给自己穿鞋这件事确实有点困难，他现在肯定也很烦躁吧？"

在这里有一点需要提醒大家，重复孩子的话时，**要尽量使用平缓的语调。**如果我们用比较夸张的语气重复，很容易弄巧成拙，变成红色法则卡片中的"故意挖苦"。妈妈如果**富有感情地重复，**则会变成这种语气。

 妈妈："唉！原来你不想穿鞋啊！"

　　差之毫厘，谬以千里。想必大家也能感受到，蓝色法则卡片和红色法则卡片的差别可能就在这一点点上。语气稍微带了点感情或者讲话方式稍微冲了点儿，就会让我们的本意朝着危险的红色法则卡片方向一去不复返了。

时间充裕和心态从容，缺一不可

　　大家可能也注意到了，本书中所提及的方法只适用于时间充裕并且心态从容的时候。

　　假设现在是一个忙碌的早晨，距离出门只剩十分钟了，但此时此刻孩子的早饭还没吃完，衣服也没换好，连妈妈的眉毛都只画了一边。正在火急火燎的时候，孩子幽幽传来一句："我不想吃饭，我想吃巧克力。"估计没人会说："想吃巧克力呢，我明白的哦。"就算父母勉强自己这么说了，最后也只会招来更强烈的情绪反噬。

　　所以在时间充裕、心情放松的好时机，再使用这一法则吧。

　　那具体什么时候算得上是好时机呢？大概就是在孩子做了错事，我们又有充裕的时间进行思考的时候。更具体点说，就是当我们脑海中出现"用哪张卡片的方法比较好呢？好像又要费点时间了，先试一试吧。"这样一连串的想法时，便是运用的好时机了。

在家长尝试实际运用后，随着"家长向孩子传达自己的意思后，孩子按照家长说的去做，家长及时进行夸奖"这一流程次数的增加，父母和孩子都能够逐渐熟悉这种积极的沟通方式。慢慢地，即使是早晨出门前这种不好处理的时间段，父母也能够逐渐变得得心应手起来。

真的不需要我们顷刻做出多大改变，请务必逐步去尝试、去积累成功的经验。

顺便一提，出现封面插画这种情况时，我们可以这么说。

> **这么说的话就 OK！**
> "妈妈能理解你想赶快玩游戏的心情，但玩游戏之前要先把睡衣穿好哦。"

共情重复的练习相对比较简单，因此让我们速战速决吧！

亲子沟通练习时间到！

孩子说："想要养狗狗！"　　——渴求暂时无法满足的事物

孩子闹人场景：

　　妈妈和太郎在回家的路上，顺便去了一趟宠物商店。太郎本身就喜欢小动物，这时店里正好有一只可爱的小狗，于是太郎开始苦苦哀求妈妈把小狗买下来。其实妈妈也觉得小狗特别可爱，甚至有一瞬间都开始思考要把笼子放在哪里了，但考虑到现实情况，还是不得不打住了思绪。

　　在这种情况下，如果我们想一边表达共情，一边传达"该回家了"这一信息时，首先应该说些什么呢？

这么说的话就 OK！

"真的好可爱哦，妈妈也这么觉得。"

"太郎一定很想养这只小狗狗吧，妈妈明白你的心情。"

"可爱得让人想马上把它带回家呢。"

　　除此之外，我们再补上"该回家了"这一信息，就会变成下面这样。

　　"真的好可爱哦，妈妈也这么觉得呢。嗯……差不多得回家啦。是啊，真的好可爱。来，拉好妈妈的手。"

下次说想养仓鼠 ——耍赖行为的冷处理

孩子闹人场景：

这天，在太郎的请求下，妈妈又带着太郎来到了宠物店。

一旦来到了宠物店就难以避免"我想养这个！我想养那个"的情况。这次也是，不出所料。"我想养仓鼠！"太郎的哀求又出现了。

但不同往日的是，今天太郎摆出了一副不买不罢休的架势，以"和狗狗比起来，仓鼠又便宜又不占地方，还方便照顾，我们幼儿园里也在养，所以我也能照顾"等一串理由先发制人，妈妈也并非不能理解孩子的心情。

再不处理的话，太郎就要躺在地上哭了。这种时候，在说"我们不养仓鼠"前，该怎么用"确实……呢，我明白的哦"句式向太郎传达理解呢？

当孩子态度很坚决时，我们作为家长，即使能够理解孩子的心情，也会迫于现实因素而无法让步。此时可以这样说："你的心情我能理解，但是现在……，所以……吧。"

在一步步理解孩子心情的同时，争取不要生气，和平地解决问题吧。

这么说的话就 OK!

"妈妈知道太郎想养仓鼠。"

"妈妈知道，仓鼠比狗狗要小，好像更好养一点呢。"

"太郎在幼儿园里，每天都能见到仓鼠，所以也想亲自照顾小仓鼠呢。妈妈都知道。"

怎么又开始想养蛇了 ——试探性请求的应答

孩子闹人场景：

又是熟悉的宠物店，又是马上要回家的关头，又是那句熟悉的台词，只不过这次的对象变成了蛇。

太郎知道妈妈怕蛇，估计妈妈也不太可能给自己买蛇。不过他还是抱着试一试的心态，小声地向妈妈说了一句："妈妈，我有点儿想养蛇。"妈妈完全不能理解，为什么会有人想养蛇，看太郎似乎也没有什么底气，决定还是先简单重复一下太郎的话，表示理解太郎的心情后，再提出回家的建议。

在这种情况下，请简单使用重复这一技巧，来应对太郎想养蛇的请求吧。

蓝色法则卡片效率 UP 小提示

当我们无法理解孩子的心情时，就像鹦鹉一样，重复孩子的话就好。

"太郎想养蛇呢。"

再补上"差不多该回家了"这一信息，就会变成如下对话。

太郎："妈妈，我有点儿想养蛇。"

妈妈："啊，想养蛇呀。但妈妈有点怕蛇，所以咱们家养不了呢。差不多该回家啦。"

把巧克力给弄撒了 ——孩子闯祸后的沟通

孩子闹人场景：

宠物店的故事终于结束了，下一个场景发生在自家的下午茶时间。

今天的零食是装在塑料盒中，像珠子一样的巧克力。这种零食对小孩的吸引力简直不言而喻，太郎看到后，下意识地抓起盒子就摇了起来。妈妈觉得食物不是用来玩的，平时也一直在提醒太郎不要这么做。然而，就在妈妈要张嘴提醒太郎时，盒子里面的巧克力突然飞了出来，掉了个七零八落。

妈妈虽然很想发火，但还是勉强保持住了镇静，心想着太郎把巧克力捡起来就好了，没准还能通过这件事让他懂得"零食不是用来玩的"这个道理呢。这时太郎低着头说了句："我把巧克力弄撒了。"

那我们就开始练习了。首先请将"你看你又把它弄撒了，把零食当作玩具不可取，对吧？"这样的说教放一放，尽量不要说多余的话。面对这一情景，我们应该如何运用重复这一技巧进行沟通呢？

蓝色法则卡片效率 UP 小提示

通过"表示理解孩子的心情"这一法则，我们一方面理解了孩子的心情，另一方面也为自己避开红色法则卡片，使用蓝色法则卡片争取了时间。没准我们还能因此冷静下来，顺利过渡到一同把巧克力捡起来，解释为什么不能把零食当玩具这一阶段。

当然，不可能每次都做得尽善尽美，但只要顺利解决问题的次数增加，我们的目的就算达到了。

这么说的话就 OK！ "嗯……把巧克力弄撒了呢……"与此同时，妈妈也给自己留下了思考与平复的时间。

当巧克力飞出来的时候，如果我们用红色法则卡片来应对，就会变成下面这样。

❌

妈妈："我跟你说过多少次了！不要晃巧克力，不要晃巧克力，怎么就不长记性呢！"

太郎："我没晃！"

妈妈："我都看见了！你还在这嘴硬！"

如果家长用红色法则卡片进行沟通，难免会演变成责骂，还有可能激起孩子的逆反心理。

实际上，在这种快要爆发的情况下，要是我们再抓着孩子"叛逆"这一点不放，用红色法则卡片进行回击，很容易就会陷入到恶性循环中。

因此，不是重复了就一定能解决问题。"表示理解孩子的心情"是通过共情或者重复，一方面让孩子认为"还是得听家长的话"，另一方面又让父母觉得"孩子这么想也是情有可原的"，从而实现相互理解。

在即将发火的紧要关头使用这一招，没准可以力挽狂澜，压制住自己的怒火。"表示理解孩子的心情"可以和其他蓝色法则卡片任意搭配，从而发挥出更大作用，大家一定要勤加练习。

第 4 章

亲子沟通综合练习一：

初级版（法则一＋二＋三）

亲子沟通综合练习一

现在，我们终于来到了综合练习，这可是"亲子沟通法则"中最有意思的部分了！

在综合练习部分，我们需要将之前学习过的"告诉孩子应该做什么，而不是禁止做什么""尝试一起做""表示理解孩子的心情"等技巧都利用起来，活学活用。

乍一听好像有点难度，但我相信大家能够顺利通关，请放心大胆地练习下去吧！

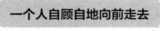

一个人自顾自地向前走去　——树立交通安全意识

孩子闹人场景：

今天一家人去吃太郎非常喜欢的回转寿司，他一路非常开心。到达目的地后，爸爸刚停好车，太郎就自顾自地朝店门口走了过去。

妈妈觉得对于一个 4 岁的小孩来说，独自在停车场走来走去太危险了，于是想拉住太郎，打算告诉他在停车场应该怎么做。此时太郎并没有走出去多远，因此家长并非心急如焚，可以沉着冷静地处理问题。

全身心投入练习才能收获最好的效果，请家长们务必投入到太郎妈妈这一角色中，出声练习。如果此时我们以"表示理解孩子的心情""告诉孩子应该做什么""尝试一起做"这一顺序教育孩子的话，具体应该怎么进行呢？

蓝色法则卡片效率 UP 小提示

怎么样？感觉如何？

以下的答案只不过是笔者的个人思考，或是参考了讲座中各位父母的回答。但每家的情况不尽相同，因此不要在意一些细枝末节，重要的是自己真正尝试使用蓝色法则卡片。

在接下来的练习中，如果没有明确说明，使用共情或是重复中的哪一条都没问题。能共情的场景就共情，不能共情的场景就重复，根据具体情况，拿自己觉得顺手的法则进行练习。

这么说的话就 OK！

① "妈妈知道太郎想赶紧吃寿司。"

② "但停车场有这么多车，多危险呀。来，拉着妈妈的手，咱们一起走。"

③ "在停车场里要一直拉好妈妈的手哦！"

说话一定要简单明了！

有一点需要提醒大家：在刚才的练习中，笔者提前规定了蓝色法则卡片的内容和顺序，但这不过是为了提高效率的权宜之计。在现实生活中，用哪张蓝色法则卡片上的方法，以什么顺序用，用一张还是三张等，只要符合自家的教育情况，大家尽可以自便。

还有一个现象也常在讲座中出现：在初期的沟通练习中，大家都比较严肃，经常会把简单的话说得很啰唆。

啰唆费解的例子：

妈妈："你看这停车场里车来车往的，一个人走来走去多危险呀！"

太郎："嗯。"

妈妈："太郎，既然停车场里这么危险，你刚才又干什么了？"

太郎："走路来着。"

妈妈："对，一个人到处走来着。那这么做的话，会怎么样？"

太郎疑惑不解。

妈妈接着说："妈妈知道太郎想赶紧吃到寿司。但是，要是太郎一个人走路的时候，车突然来了怎么办？那时候妈妈可帮不了你。所以，在爸爸妈妈觉得你可以一个人行动之前，一定要好好拉着妈妈的手。"

在刚才的例子中，家长确实也用到了前文所说的技巧，但是不是给人感觉又啰唆又费解？在讲座中，笔者也算是扮演孩子的老手了，可一遇到这种冗长的对话，我的注意力也会逐渐涣散，慢慢地便左耳朵进右耳朵出了。

其实"过长说明"也是红色法则卡片中的一种，把话说简洁是

提高沟通效率的关键之一。请大胆把话往短里说吧。

另外，信息的省略很可能导致孩子的曲解。在刚才的例子中，当妈妈说出："你看这停车场里车来车往的，一个人走来走去多危险呀！"她的本意是想告知太郎独自穿行马路很危险，最后提出"和妈妈一起走"这一要求，结果却把这部分给省略掉了。

太郎在听完妈妈的话之后，很容易把妈妈的话当成给自己的支持鼓励——"这里很危险，你自己走的时候要多注意周围环境，加油哦！"这也是蓝色法则卡片的常见使用误区。

不要省略蓝色法则卡片的内容，简单明确地说出来就是最好的。

非要伸手去摸触摸屏　——正确使用公共设施

孩子闹人场景：

我们接着回转寿司的故事继续说。进入餐厅后，妈妈打算用触摸屏点餐，这时太郎突然说："我来！"

见周围没有其他客人，妈妈本打算把太郎抱起来一起操作。可太郎却根本不听妈妈在说什么，自顾自地开始乱点屏幕。妈妈这时还算冷静，暂时把太郎放了下来，打算好好教给他应该怎么用触摸屏。

那么如果要按照"表示理解孩子的心情""告诉孩子应该做什么""尝试一起做"这一顺序来应对，应该怎么做才好呢？

这么
说的话就
OK！

① "妈妈知道太郎也想点触摸屏。"

② "但接下来，妈妈说点哪里，你再点哪里哦。"

③ "那我们来试一试吧！"

"我还不想回去！"……没错，又是熟悉的那句

——不愿回家的应对

孩子闹人场景：

妈妈和太郎一起来到了公园，因为今天出门晚一些，故而在公园逗留的时间也相应变短了。

眼见到了回家时间，面对妈妈的催促，太郎却顶嘴道："我还不想回去。"趁现在时间还比较充裕，妈妈的心态也算平和，再加上今天太郎午睡和吃饭时的表现都不错，妈妈决定，就算再多花费一点时间，也要表示理解太郎的心情，让太郎打心底里接受回家的建议。

按照下边的对话提示，综合运用之前所教授的沟通方法，你会怎么和太郎对话呢？请务必出声练习。最后，请在充分共情的基础上，尽量以"真棒！太厉害了！"这样的夸奖收尾。

太郎："我还不想回去。"

妈妈：①表示理解孩子的心情并告诉孩子应该做什么。

太郎："我还要玩！"

妈妈：②表示理解孩子的心情。

太郎："我想荡秋千！"

妈妈：③表示理解孩子的心情并告诉孩子应该做什么。

太郎："想玩嘛……"

妈妈：④表示理解孩子的心情并告诉孩子应该做什么。

太郎："好吧……"

妈妈：⑤夸奖。

这么说的话就 OK！

太郎：“我还不想回去。”

妈妈：①“太郎还想继续玩呀，嗯，妈妈知道，但已经到了回家的时间哦。”

太郎：“我还要玩！”

妈妈：②“嗯，还想继续玩呢，妈妈知道。”

太郎：“我想荡秋千！”

妈妈：③“妈妈知道太郎最喜欢玩秋千了，但现在得回家了。”

太郎：“想玩嘛……”

妈妈：④“妈妈知道你想继续玩，不过咱们现在回去吧？”

太郎：“好吧……”

妈妈：⑤“真棒！能忍住不玩秋千，太郎真是太厉害了！”

如何？做到了吗？

可能目前家长对自己的回答还没有什么信心。但请不要担忧，**随着父母的沟通技巧不断提升，顺利解决问题的次数会一点点地增多，可千万不要小看这一点点。**

从构筑良好亲子关系这一层面来看，即使结果没有按照我们预想的方向走，太郎还是哭闹不止，那也远胜于直接使用红色法则卡片。只要持续积累这种肯定式沟通的经验，长此以往，不但亲子关系会朝着良好方向逐渐发展，解决问题的成功率也会逐步提高。**换言之，只要我们使用蓝色法则卡片，那结果无论是成功也好，失败也好，都是在为将来打基础。**这才是真正的良性循环。

最重要的还是实践。实践过后，我相信大家也会和各位参加讲座的父母一样，获得属于自己的心得体会。请大胆去实践吧！

需要提醒一句，在刚才的情景中，其实有一点很重要：太郎此刻是睡过了午觉吃过饭的。假设孩子此时处在疲惫、困倦或饥饿的情况下，那就算我们使出浑身解数，最终也是徒劳，**不如爽快点直接放弃。**敢于认输也是非常重要的，**要知道我们经过练习、实践，最后能拿到三胜七败、四胜六败这样的战绩，已经相当了不起了。**

脱下衣服后随手一扔，只穿一条内裤在屋里跑来跑去

——破坏家庭卫生的处理

孩子闹人场景：

练习到现在，大家可能都有点疲惫了，那不如用我们曾经擅长的红色法则卡片来转换下心情吧。

今天天气晴朗，妈妈带着太郎在公园尽情地玩了沙子。到家后，妈妈要去准备洗澡水，就让浑身是土的太郎先站在玄关处等着。进屋后，妈妈麻利地打开了电热水器，收起了地上要洗的衣服，便去玄关找太郎，然而太郎早就没影了。此刻妈妈心头升起一股不好的预感。果不其然，进入客厅后，

映入眼帘的是随意扔在沙发上的脏衣服和只穿着一条内裤跑来跑去的太郎。

现在请参照着红色法则卡片来训斥太郎吧。我不会指定卡片的内容和顺序，还请随心所欲地发挥！

❌ "臭小子你搞什么呢！我刚才跟你怎么说的？你非要跟我对着干是吗？你怎么就是不听呢？就要诚心气我是吗？你看我以后还带不带你去公园。还有，你看这沙发上全是土，你打扫吗？最后收拾烂摊子的还不是我！"

和蓝色法则卡片相比，红色法则卡片要简单得多呢。毕竟我们平日里都在实践着，自然而然就得心应手。换一个角度思考，**只要通过不断练习、实践，在不久的将来，我们也一定能得心应手地使用蓝色法则卡片！**

接下来就要进入正题了。请尝试使用蓝色法则卡片，与正在客厅跑来跑去的太郎进行沟通。

>
> ① "妈妈知道太郎想赶快进屋玩。"
> ② "但妈妈让你在玄关等着，你就应该在玄关乖乖站好等妈妈哦。"
> ③ 带领孩子走向玄关，"来，咱们去玄关。你要在这里等着妈妈哦。对、对，就是这样乖乖站好，等着妈妈。真棒，那妈妈现在抱你去洗澡"。

在刚才的例子中，我把"在玄关等待"当作了这次沟通的重点。但除此之外，沾满土的衣服应该脱在哪里、要是在玄关等不及了应该怎么办，等等，也可以作为我们沟通的重点。具体选择什么话题，要根据大家的现实情况进行判断。

但有一点需要提醒大家，**一次尽量只教给孩子一件事。**一次性教两件或三件事也并非不可，但把好多知识一股脑灌给孩子，很可能造成信息量过载，导致孩子每件事都无法理解。如果家长将问题的全部注意事项都教给孩子，就会发生以下这种情况。

> ✖
>
> 妈妈："妈妈让你在玄关等着时，你就应该在玄关乖乖站好等妈妈。沾满土的脏衣服要在玄关脱下来后，再交给妈妈。还有，要是实在等不及了，要在这里大声叫妈妈哦。"
> 太郎："嗯嗯！"

　　站在父母的角度来看，这只是在进行一些简单的说明；但当我们站在第三方的角度看，就会感觉到：家长一次性给出的信息确实有点多了。在日常生活中，我们有太多能教育孩子的机会，不必执着于一次性解决所有问题，慢慢来就好。**只要我们尝试去做，尝试用蓝色法则卡片去应对，就应该挺起胸膛，给自己一个大大的赞。因为这种积极的方法，给自己和孩子带来的都是正向影响。**

给冰箱粘满了黏土 ——尝试理解奇特行为

孩子闹人场景：

　　此刻正在厨房的太郎安静得出奇，这不禁让妈妈感到一丝不安。走进厨房一看，原来太郎正努力地给冰箱粘黏土呢。看到这一场景的妈妈脱口而出："你干什么呢？"太郎听到后头也不抬地回复："我在玩黏土。"

　　妈妈虽然还没有生气，但也不能理解太郎的做法，因此打算从"重复"入手进行沟通。那么，请开始你的练习。

蓝色法则卡片效率 UP 小提示

不能共情就选择重复，把孩子说出来的话原封不动地还回去。

这么
说的话就
OK！

① "在玩黏土呀。"

② "太郎应该在桌子上玩黏土哦。来，咱们先把这些黏土收进盒子里。"

③ "对，放回盒子里，就这样在桌子上玩哦。"

第 5 章

营造稳定亲密的环境，让孩子自然而然听父母说话

第四张蓝色法则卡片的内容是**创造环境**。

家长为了更好地与孩子交流，固然要持续提升沟通技巧，但**创造易于沟通的环境也同样重要。**如果家长与孩子恰好处在一个不适合对话的环境中，那么即便父母说出再简明扼要的语言，也无法令孩子做出改变。

大家普遍见过这样的情况，在嘈杂的玩具商场或者儿科候诊室中，虽然父母在极力训斥着孩子，但孩子却表现得心不在焉。这就是在不当环境中，沟通效率会大大降低的证明。但除了公共场合外，家中也会有一些常见的不当教育场景。

妈妈在厨房做饭，孩子在客厅玩耍。妈妈隔空喊道："开饭了！快把你的玩具收拾好！"孩子没回应，妈妈便有些火气。

于是她又提高音量喊了几遍，孩子终于听见了，并感受到了语气中的愤怒。孩子玩得正高兴，突然被吼，也开始生气，不耐烦道："等一下。"

这让本就疲惫的妈妈更生气了，冲到客厅，对孩子劈头盖脸就是一顿训斥。孩子根本不看妈妈，目光死死盯在一旁的玩具上，这一举动彻底激怒了家长。

这就是不当环境造成的亲子沟通障碍。其实家长想创造一个适合沟通的环境并不难，只要掌握以下三个条件即可。

距离

——沟通时家长尽量靠近孩子

·最理想的距离是父母伸手就能够得到孩子。一旦距离过远，信息传达效果就会减弱。

在上文提到的情形中，厨房与客厅距离较远，这在沟通中就会引起各种问题，比如孩子听不见妈妈说话，或者妈妈说话声音太大让孩子心烦意乱，等等。这种时候，妈妈最好去孩子身旁和他沟通。

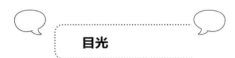

目光

——父母与孩子的目光高度保持一致，注视着彼此的眼睛说话

·说话时，家长让孩子与自己面对面。

成年人之间沟通，只需要听到彼此的话语，是否有视线接触不会对沟通程度造成影响。但对于心智还未成熟的小孩子而言，面对面也是沟通的重要部分。

·父母站着说话会让孩子有压迫感，可以选择蹲下或者弯下腰，使两个人的目光高度保持一致。

发生上文的情形时，为了创造目光交流，家长需要蹲下来，使自己的目光与孩子平齐，通过呼唤孩子的名字，使沟通顺利进行。

干扰

——父母应减少孩子身边的干扰元素

·家长可以及时更换沟通的场所。

家庭生活中影响交流的干扰事件千头万绪，可能是厨房的水流声或换气扇的声音，也可能是持续发出声响的电动玩具等。这些干扰元素都可能吸引孩子的注意，影响沟通效果。

因此，妈妈需要事先减少阻碍交流的干扰元素，如关掉电动玩具、调低电视音量等。

·家长应保持冷静的态度讲话。

妈妈可以用平静的语气对孩子说："饭做好了，把玩具收拾起来吧。"

在刚才的例子中，妈妈并没有做错什么，是不当的环境造成了这次的矛盾冲突。但我们无法直接和环境进行对抗，所以家长应该做的是创造适合沟通的环境。

那么在同样的情境下，如果想创造一个良好的沟通环境，第四张蓝卡对家长的沟通方式和结果会产生什么影响呢？

> **A 未掌握"创造环境"蓝卡：明知会失败，但仍无视环境**
>
> 　　家长直接切入正题，要求孩子收拾玩具吃饭。妈妈努力用先前学到的技巧跟孩子对话，比如传达明确指令"应该把玩具收起来哦"；表示理解孩子的心情"妈妈知道你还想玩"；等等。但孩子根本听不进去，持续的沟通受挫还会导致双方

都越来越不耐烦。

最后妈妈还是发火了。

B 掌握了"创造环境"蓝卡：采用迂回战术

家长来到孩子身边，蹲下身跟孩子说话。

孩子说着："哦……吃饭？……知道了。"虽然有点不情愿，但还是开始收拾玩具。

妈妈随即鼓励道："真棒！那妈妈和你一起收拾，咱们早点去吃饭吧。"

事情得到完美解决。

营造稳定亲密的环境，让孩子自然而然听父母说话

从现在开始，我们将要进入有意思的特殊练习时间了！

这次的场景是这样的：妈妈带着太郎去超市，在买完东西打算离开的时候，太郎被扭蛋机吸引住了。此时扭蛋机的旁边正好有一条长椅，所以妈妈打算坐下来等太郎。几分钟后，妈妈觉得是时候该叫太郎回家了。

大家这次需要做的练习是：

· 扮演妈妈的角色，坐在椅子上。

· 想象距离自己二至三米的地方有一台扭蛋机，而太郎正在

> 旁边专心致志地看着。
>
> · 从椅子上站起来，走到太郎面前，蹲下来使自己的视线和太郎保持平齐，用平静的声音说："该回家了哦，太郎。"

　　在讲座中，大家互相打趣着就把这一练习完成了。但对于各位读者来说，一个人练习确实有些困难。不过我相信大家都是自律的好家长，肯定能做到的！

　　那大家准备好了吗？要做的事其实很简单：从椅子上站起来，走到太郎面前，蹲下来让自己的视线和太郎保持平齐，最后用平静的语气说："**该回家了哦，太郎。**"

　　请开始你的练习。

　　保险起见，请再重复一遍刚才的练习。如果可以，请再多做几次。次数越多越好，重复到实在不想重复了为止。其实育儿练习就和体育项目或乐器的练习一样，只有**通过反复练习才能形成肌肉记忆，最后慢慢熟练起来。**

　　其实刚才的练习内容，在实际运用中也非常有效，从参加讲座的父母口中，我经常能听到如下反馈。当家长准备叫孩子的时候，突然想到："是不是走近点、蹲下来说比较好？"虽然内心觉得很麻烦，但还是走向了孩子，蹲下来跟他对话。意外地，对话进行得很顺利。家长惊叹，原来多做一点就能有这么大的变化！

　　这可并非什么奇迹、魔法，而是些育儿书和讲座中老生常谈的内容了。**虽然不能产生天翻地覆的效果，但"环境创造"就是这样一个不起眼，却能让成功率稳步上升的存在。**幼儿园的老师们总是蹲下身和孩子对话也正是出于这个原因。其实仔细想想，为了和孩子更好地沟通，他们可能一天要蹲无数次。这真的很令人敬佩。

但遗憾的是，这一技巧并未能好好教授给各位父母。

亲子沟通练习时间到！

在妈妈朋友家里，和其他孩子发生了争执

——社交场合儿童产生冲突应如何处理

孩子闹人场景：

妈妈带着太郎去自己朋友家玩，聚会特别热闹。太郎原本在客厅和小朋友们开心地玩耍，但他突然发现自己心爱的小火车正被另一个小朋友攥在手中，太郎便一把将他推倒在地。

这时其他的小朋友还在客厅玩耍着。虽然太郎现在很生气，但也不是完全听不进去道理。

为了创造一个适合沟通的良好环境，妈妈应该带太郎去哪里，又应该怎么做呢？

答案不止一个，请把你能想到的处理方法都尽情说出来吧！

蓝色法则卡片效率 UP 小提示

因为可说、可做的事情实在太多了，所以大家不需要纠结于细枝末节。

现实中发生类似情况时，家长只需要具体情况具体分析，随机应变就好。比如在社交场合，孩子之间发生冲突，如果选择将孩子从喧闹的客厅带离，那他既有可能大吵大闹，也有可能冷静下来听妈妈说话。

父母与孩子的相处时间最长，也最了解自己孩子的脾气秉性。

只要方法正确，每个家长都能找到在当下场景中最合适的处理方法。

大家是否还记得，笔者在前文说过，**我们是无法直接和环境进行对抗的。**

家长们也能感受到，在公交、地铁上教训孩子要比平时更加困难。当时的公共环境相当混乱，周围的人又多，广播声音又大，而且窗外的景色一直在变化，连车子本身都在摇摇晃晃。而周围人投来的视线，更是令人感到窘迫。此刻即便我们运用之前学过的技巧进行沟通，孩子的注意力也可能被其他事物吸引，根本听不进去家长的话。

即使家长带孩子下车，也不能立即解决问题。因为车站依旧算不上一个好的教育环境——人员密集、车辆来来往往，广播响个不停……**在这种情况下，或许暂时放弃教育才是最好的选择。**

虽然我们想当场就制止孩子，不让孩子给周围人添麻烦，但这种情况下千万不要勉强自己。毕竟以后教育孩子的机会还有很多，**不必非要马上争个输赢。**

教育受制于环境的情况时有发生，例如在驾驶过程中，坐在后座的兄弟俩突然开始争吵。

如果当时条件允许，我们大可以把车停到路边，再耐心教育孩子。但如果条件不允许，我们便只能一边开车，一边开始自己的说教了。家长既需要聚精会神，注意前面的路况；又需要一个一个教育坐在后座争吵的孩子们，这对家长来说也相当困难。

不能立刻教育并非任何人的问题，**归根结底是环境不够恰当罢了。**

一旦我们认识到这一点，心态就会自如很多："今天看样子是不行了，毕竟是环境的问题，等回家再教育孩子吧。"

明知孩子可能听不进去，我们却非要"立刻"教育，很可能投入大量时间、精力，也得不到正向反馈。因此，暂时放弃，等找到合适的时机再教给孩子正确的做法也是一种选择。毕竟，教育并非一朝一夕之功。

这么说的话就 OK！

妈妈把太郎带到客厅一角，让太郎背向其他小朋友，即处在只能看到妈妈和墙壁的状态，而后蹲下来和太郎对话。

妈妈把太郎带到过道或者门口，尽量远离喧闹的环境，两个人坐下来交流。

购物车里突然出现了高级奶酪！　——维护家庭秩序权威

孩子闹人场景：

妈妈又带着太郎去超市买东西了，这次太郎不知道从哪里拿了一块单价50元的进口奶酪，又若无其事地放进了购物车里。

这已经不是第一次了。最近跟太郎逛超市时，太郎一看到自己想要的东西，便会自作主张地放进购物车里。这次妈妈拉住了太郎，打算教育他一番。

那么如果我们想要教育太郎，该怎么处理以下三点呢？

①距离；

②目光；

③干扰。

　　超市虽然是我们常去的地方，但想在超市里创造一个好的沟通环境，却并没有想象中那么简单。还没开始购物时相对容易，我们可以选择超市门口、楼梯间、电梯前廊等地方进行教育。但如果已经开始购物，留给我们的可选择地点便骤然减少。

　　除了超市，饭点时的美食城也让人一想起来就头疼。我经常趁着午休时间去美食城吃饭，但不得不说，饭点的美食城简直就是干扰因素的"秀场"。人头攒动，出餐的喊声此起彼伏，旁边游戏广场的音乐声不绝于耳，一会儿不知道谁家的孩子又突然哭了起来，有的地方甚至还"贴心"地布置了一大排扭蛋机……

　　吃饭的时候我总在思考，比起在这种场所教育孩子，**等吃完饭之后，去相对安静的楼梯间教育孩子，效果会不会更好呢?**

这么说的话就 OK！

①家长及时改变沟通场所：

从人多的地方离开；

从太郎喜欢的零食区或生鲜区离开；

从播着音乐、广播的地方离开。

②家长让太郎站在自己伸手可以够到的范围之内。

③妈妈蹲下或者弯下腰来，让太郎和妈妈的视线平齐并注视着妈妈。

④家长选择陈述语气进行沟通。

※ 笔者个人感觉调味品区、日用杂货区，以及文具区更适合沟通。但父母还是要考虑到超市的布局以及孩子的兴趣之后，再下判断。

明明说了让他赶紧去换衣服 ——培养孩子重视家长指令

孩子闹人场景：

周六早上 8 点，妈妈打算把全家的脏衣服洗干净。此时客厅的电视机正大声播放着新闻，太郎刚睡醒就跑到沙发上和两岁的妹妹花子打闹。

妈妈想把太郎身上穿的睡衣也洗了，便朝着客厅的方向喊了好几遍："太郎，你把衣服换一下。"然而太郎和妹妹正玩得起劲，丝毫没有要去换衣服的意思。

那么在这种情况下，在对太郎下达换衣服的指令之前，我们应该如何"创造环境"呢？

> **蓝色法则卡片效率 UP 小提示**

这个场景乍一看好像平平无奇，但事实是，当有其他兄弟姐妹在场时，教育难度便陡然增加。如何应对其他的兄弟姐妹，其实也是个难题。比如在这个场景中，我们不仅要考虑如何处理太郎的问题，还要考虑如何应对妹妹花子。

我们可以想到，就算这时妈妈对花子说了"不好意思花子，你拿着玩具去那边玩一会儿吧"，花子也有可能继续和妈妈或太郎搭话；或者动来动去，吸引太郎的注意力。如果此时爸爸或者年长的哥哥姐姐在身旁，可以请他们帮忙照看一下花子。但如果恰好身边没有援兵，那妈妈愤怒的导火索便又增加了一根。

其实只需一点点的进步就足够了，请务必多多尝试创造适合交流的环境。如果进展顺利，妈妈们的自信心也能随之增加。

总之，**"在场的其他兄弟姐妹也是干扰"**，还请家长们认识到这一点。

> 这么说的话就 **OK!**
>
> ①妈妈动身走向客厅。
> ②到太郎身边坐下，家长的目光和太郎的目光保持平齐，同时让太郎注视着家长。
> ③妈妈轻轻地把电视关掉；
> 选择语气平静地与孩子沟通；
> 给花子拿一个玩具让她自己玩一会，而后让太郎背向花子。

和孩子沟通时，一定不要忘记"创造环境"。任谁都做不到尽善尽美，所以家长即使只做到了一点点，比如只做到了去孩子身边，或者只做到了蹲下来、用平和的语气和孩子对话，那也是很大的进步。

真正进行教育实践之后，我相信大家一定**能切身感受到"环境创造"所带来的效果。**

第

6

章

亲子沟通法则五：**夸奖**

现在来到了第五张蓝色法则卡片——**夸奖**。

字面意思，夸就对了。比如**"……做得真棒""真不错"**，等等。

在这章开头，笔者想问大家一个问题，还请大家如实回答。当听到"多夸夸孩子吧"这句话时，如果你觉得早就听腻了，请举手。不知道正在读这本书的家长之中，会有多少人举手呢？其实，每次开讲座时，我都会问这个问题，几乎一半的家长都会举手。毕竟"多夸孩子"这一点，也算是育儿界"正确的废话"，听腻了也是理所应当的。

那么在此基础之上，让我来更详细地说明一下这张"夸奖"的卡片吧。

实际上，夸奖这种沟通方式效率更高！

关于夸奖，有一点总是被大家误解。

当育儿相关人士提出"多夸夸孩子"这一建议时，家长们总会把这一句的效果放大，觉得只要多夸孩子，任何问题都能迎刃而解，育儿就能变得简单快乐起来。

可现实是残酷的，大多数教育者的本意并非如此。他们只是在传达**"为了让各方更轻松，大家可以把夸奖作为提高沟通效率的手段之一"**这个信息罢了。

我们来看这个教育场景。孩子最近总是闹起床气，即使从床上爬起来，也不和妈妈说早安了，在这种情况下：

　　如果我们选择责骂，那就要在孩子还没说早安的时候，就去教训孩子。

　　如果我们选择夸奖，那得等孩子说了早安之后，再去夸奖。

　　这两种选择的出发点都是一样的，哪种做法效率更高、对家长来说更轻松呢？

　　实际上，**责骂这种方式可并不简单。**

　　当我们想去责骂孩子的时候，得保证孩子已经犯了错，随之带来的可能是已经弄脏、弄坏了物品，甚至已经造成比较严重的后果。这个时候，无论是妈妈还是孩子，都难免心有不快。在负面情绪的影响下，孩子撒泼打滚、顶撞父母，妈妈使用红色法则卡片的可能性便大大增加了。

　　孩子犯错后，我们确实可以当场就指出孩子的问题，比如一边告诉孩子哪里错了，一边教给他正确的做法。然而，这么做的成功率却并不高。家长在孩子犯错之后进行责骂，再犯再骂，亲子教育就很容易陷入死胡同。

> ❌
>
> 　　一旦孩子犯了错，妈妈就开始教训孩子。面对妈妈的斥责，孩子又哭又闹，妈妈却仍停不下口中的训斥。最后，孩子为了平息争端，勉强道歉。他虽然嘴上说着自己知道错了，但其实并没有真正理解妈妈的话，下次又犯了同样的错误。妈妈暴怒，大喊着："我上次是怎么跟你说的！"为了让孩子吸取教训，妈妈比上次更加严厉地责骂孩子，问题又一次回到起点。

这么做的结局就是，妈妈越努力，情况反而变得越糟，最后陷入一个死循环中。一旦陷入这样一个循环，妈妈的情绪也开始变得不稳定起来：

> 一教训孩子就停不下来，越骂越起劲。家长不仅身心俱疲，而后还会陷入到深深的自责当中："以后绝对不能再骂孩子了，我得换种教育方式。我要做出改变，从明天开始不能再生气了，绝对不能再生气了。"这样自责过后，表面上看好像是变得积极了。可是过几天孩子又犯了同样的错误，妈妈又没忍住发火，到了晚上妈妈又开始自责。这种从"自责"到"我要改变！加油"再到"又搞砸了"的恶性循环，不仅令双方都感到痛苦，亲子关系也会产生难以修复的裂痕。

笔者并非要否定训斥的作用。在讲座中也好，在这本书中也好，训斥作为孩子闯祸之后的应对方法之一，其实也在我们的练习范围之内。但千万不要把全部力气都投入到训斥中！这个方法不仅效率低，而且还容易让人感到劳累。与其用责骂的方式，去打一场胜算不高的硬仗，为什么不选择既轻松、胜算又高的方式呢？

夸奖这一方式不仅操作起来简单，亲子双方也能因此变得更加积极。

当孩子好不容易做成了一件事时，为了能让其保持下去，我们就可以搬出夸奖这一方法。尤其是站在孩子的角度看，他们会觉得，既然这次自己被夸了，那下次还这么做就可以了。再遇到类似的事情时，孩子很有可能继续做出正确的举动。做家长的也就不需要老是跟孩子强调"你应该做什么"了。长此以往，不仅父母能感到轻松，孩子自身也能不断成长，真是一举两得。

　　说了这么多，关于我们应该把重心放在夸奖还是训斥上这一问题，想必大家心中已有答案。

尝试把夸奖当作行动反馈来看待吧！

　　针对我刚才所说的内容，大家可能觉得没什么问题。参加讲座的父母也是如此，都对这些话表示赞同。可一旦当我说出"请大家开始夸孩子吧"时，一些父母便开始面露难色了。询问其理由后，我大概得到了以下两种类型的回答。

　　"我有点抵触夸孩子，总感觉像是顺着孩子一样。"

　　"我也知道应该多夸夸孩子……但我不擅长。而且夸得太做作了吧，就显得很虚伪。"

　　我必须要说，这是两个误解啊！

　　首先我们讲座中所说的夸奖，**只是一种反馈，就是让孩子知道他这么做是没问题的，下次也可以这么做。**如果我们不及时做出反馈，那孩子就无法分辨什么是好、什么是坏。我们也可以思考这个例子：假设今天是我们兼职的第一天，面对完全不熟悉的操作，如果没有人告诉自己"这么做没问题"的话，我们是不是会感到不安？**但只要收到了反馈，我们就能把握住自己行动的方向。**

　　这里说的夸奖，不一定要多么夸张，并非"宝贝你也太厉害了吧！你就是妈妈的小天使！"之类的溢美之词。当然，家长如果擅长夸人，那么夸张点也无所谓。但如果您不擅长夸人，用简单的一句**"……做得挺好呢"**也是完全可以的。但要记住，**我们这里的"夸奖"实质上是一种反馈，并不等同于对孩子百依百顺**。通过夸奖这一方法，无论是对孩子的自我认同，还是对亲子之间的关系，都能带来不少正面影响。

　　※ 关于夸孩子的方法，现在流传着很多流派，如养育论、技术论等。说法不同，其强调的重点也就不同。因此当我们从网上搜夸孩子的方法时，甚至会出现一些完全相悖的说法，但不要过分在意。笔者的观点是，管它黑猫白猫，能抓到老鼠就是好猫。只要符合自家情况，用得顺手就是好的方法。我们"亲子沟通法则"实践讲座的原则是去繁存简，夸奖也是如此，都会从最简单的内容开始练习。

孩子值得夸奖的时候远比想象的多！

　　有的家长会说："我们家孩子没有值得夸的地方。"这也是一大误解。简单来说，**孩子身上值得夸奖的地方可太多了，只要不是问题行为，都可以成为我们夸奖的对象。**

　　假设太郎在卫生间洗手的时候，挤出了特别多的洗手液，洗手液顺着太郎的胳膊一路向下，从胳膊肘"啪嗒啪嗒"滴到了地上。在这个情景下，太郎的问题就是"洗手的时候挤了太多洗手液"。

　　那么我要向各位家长提问了，如果我们想利用"告诉孩子应该做什么"这一技巧来指出孩子的问题时，应该说什么呢？

> "要挤适量的洗手液。"
>
> "洗手液按一次就好了。"

当我们告诉了孩子应该做什么后，再尝试一起做，就能顺利地解决很多问题。

但我还有第二个问题想问大家。针对太郎挤了太多洗手液这一问题，我们告诉太郎的是："你应该挤适量的洗手液。"那么在您爱人洗手的时候，他也挤了适量的洗手液，但大家会觉得这是个很了不起的行为吗？答案肯定是："不会！"毕竟这就是个很普通的举动，没什么厉害之处。

但如果大家这么想，那就代表着已经中招了！接下来我要说的话很重要，请大家务必认真听。

当孩子闯了祸，我们会选择教训孩子，告诉孩子应该做什么。可仔细想想，我们教给孩子的行为其实并非什么了不起的行为，**就是日常生活中最普通的行为而已。**我们为什么老想着教训孩子呢？也正是因为我们觉得孩子的一些行为不普通，这样下去有可能会给周围人造成困扰，所以才想着要纠正这些行为。

问题就出在这里。一旦当我们觉得这些行为是普通的行为时，那即使孩子再努力地去按照家长所说的做，**我们也会觉得理所当然，**根本不会去在意。这样一来，我们可不就容易责骂孩子吗？因为我们只看到了孩子闯的祸；但当孩子没闯祸时，我们又认为这是再正常不过的事情。长此以往，我们就越来越不会夸孩子，越来越易怒……那说出"我家孩子根本没有值得夸奖的地方"也在情理之中了。

现在大家已经明晰：**问题行为的对立面，是我们所期望的行为，而我们所期望的行为，就是普通的行为。我们要夸奖的对象，就是孩子日常生活中的普通行为。**请多关注孩子的一举一动，多夸夸孩子吧！

> **面对孩子的问题时，不妨也尝试一下"夸奖式订正"！**

这是夸奖这部分最精彩的看点了。

我们现在知道，夸奖对象就是孩子日常生活中的普通行为。孩子已经做到的事，或者最近刚学会的事，都能成为夸奖对象。通过夸奖，亲子关系也能得到改善。但如果我们能再往前迈一步、再努力一下，即使面对闯了祸的孩子，我们也能积极地用夸奖来应对。

操作起来也很简单。

只需要**给问题行为设定一个标准，而后找到问题行为的对立行为，再对这一行为进行夸奖就可以了。**

当孩子出现了问题行为时，与其对立的行为就是我们要夸奖的对象。也就是说，孩子出现的问题行为越多，我们的夸奖对象就越多。当我们教育孩子之后，一定要记下这次的**问题行为和对立行为**，如果对自己的记忆力不是特别有信心，我推荐写在手机便签里。

最后，**只需要等着孩子做完这些对立行为后，我们及时夸奖就好了。**是不是很简单？

通过夸奖这一做法，**可以间接减少孩子的问题行为。**

比如有一天，孩子突然不想再坐儿童安全座椅了。这时，妈妈便打算对孩子进行一番教育。"不好好坐在安全座椅上"的对立行为是**"好好坐在安全座椅上"**，此处夸奖对象就变成了"好好坐在安全座椅上"这一理所当然的行为。

在这一场景中，妈妈首先要明确地跟孩子说"好好坐在你的位置上"，再尝试一起做一次。这次过后，再和孩子一起坐车时，妈妈还需要记得，如果孩子自觉地"好好坐在安全座椅上"，就要毫不吝啬地夸奖：**"一下就坐到了安全座椅上呢，真棒！"**如果之后孩子没做到，那就再用"告诉孩子应该做什么"这一技巧，重新传达一遍。

通过家长们的重复夸奖，孩子坐在安全座椅上的频率将会逐渐增加；随着这一频率的增加，相对应地，"不好好坐在安全座椅上"的出现频率也会减少。

孩子收拾玩具的次数增加，不收拾玩具的次数就会相应减少，我们夸奖孩子做出收拾玩具这一普通行为时，训斥孩子的次数也能随之减少。

也就是说，当我们面对孩子的问题行为时，**不需要严厉训斥，只需用夸奖，就能让孩子按自己希望的方向行动**，这也太划算了！

当然，实践起来可能会遇到各种困难，因为孩子平时的普通行为太过于理所应当，所以大家会有"不是吧？这也能夸？"的疑问。

但是不要担心，**通过接下来的大量练习，我相信大家都能慢慢习惯。**

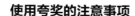

使用夸奖的注意事项

在开始练习之前，为了能让大家更快地掌握夸奖这一技巧，我想先介绍两个注意点。

【注意点 1】普通行为可能已经发生在日常生活中

正如笔者前文所说，很多家长只能看到孩子闯的祸，却习惯性忽略孩子已经做到的普通行为，这也就导致家长产生了"自己家孩子总在闯祸"的错觉。

例如，孩子用妈妈的手机悄悄看了动画片，妈妈特别生气。但仔细想想，平时孩子问自己能不能玩手机时，要是自己说了不行，孩子就直接放弃了；要是自己说了可以，孩子也会向自己道谢后，才开始玩手机。经过分析，相比于训斥孩子，**好像夸奖与教育的机会更多一些。而且选择夸奖，既能缓解亲子双方的心情，又能提高沟通效率。**

当我们再为孩子做的错事生气时，**可以先稍微冷静一下**，想想有好多事情，孩子们本身已经做得很好了。就算之前有做得不好的地方，在各位家长的教育下，错误行为也已经改正了。

"仔细想想，其实有很多事孩子已经做得很好了。"——当我们能注意到这一点时，说明我们已经取得了很大进步。

【注意点２】普通行为可能比问题行为的出场频率更高

在面对孩子的一些问题行为时，偶尔能听到家长的"非现实"抱怨。

例如有些家长会说："孩子整天大喊大叫，烦死了。"但实际上，孩子怎么可能整天都在大喊大叫呢？大多数时间他肯定是以正常的声音交流吧。虽然我也能理解家长的这种心情，但就事论事，孩子以正常声音说话的时间，肯定比大喊大叫的时间要多。也就是说，**能夸奖孩子的机会其实俯拾皆是。**

还有的家长会抱怨："他们兄弟俩天天吵个没完，真受不了！"但实际上，兄弟俩怎么可能一见面就吵架呢？在他们相处的过程中，肯定还是不吵架的时间要多得多吧。但这里的"不吵架的时间"，指的并不是"兄弟二人友好和睦的沟通时间"，而是"兄弟俩一起漫不经心聊天的时间"。

因此，**当孩子做了错事后，训斥孩子固然重要，但比训斥更重要、更高效的夸奖也不应该被忽视。**

夸孩子的机会在日常生活中比比皆是，要努力把握住这些机会。当我们把训斥转化成夸奖时，对谁而言都是一件值得高兴的事！

亲子沟通练习 Q&A

【简单的问题 1】为了抢到玩具偷藏别人的鞋子

——培养优秀生的合规意识

接下来我要提出几个问题，检查一下大家对夸奖这一点掌握的水平如何。

在一次研习会中，笔者从一名托儿所老师口中听到了这样一个问题：在这位老师所管理的班级中，有一个聪明的小孩叫小 A。有一次，小 A 为了能抢占到他心爱的玩具，悄悄把"竞争对手"的鞋子放在了鞋柜最上方。趁着"竞争对手"找鞋子的间隙，小 A 率先到达院子，玩起了他喜欢的玩具。

第一次看到小 A 藏鞋子的行为，老师就当场阻止了他，并告诉他不能把别人的鞋子藏起来。然而，听了这些话的小 A 却丝毫没有改正的迹象，光上个月就发生了三次这样的事。那么在这种情况下，我们应该如何教育小 A 呢？

针对这个问题，我当场指出："夸夸他不就好了嘛！"

那么我要问问大家，面对小 A 老是偷藏别人鞋的这一行为，我们应该怎么夸奖小 A，从而减少这一问题的发生呢？

如果能够立刻回答这个问题，说明你对"亲子沟通法则"的理解程度已经是满分水平。怎么样？有什么想法了吗？我来给大家一些提示吧。

首先要从一个相反的角度去思考，我们要夸奖的对象，是问

题行为的对立行为。

其次，在多数情况下，普通行为是已经发生的行为，或发生得很频繁的行为。怎么样？现在有什么头绪了吗？

最后我再给大家一个极其明显的提示。托儿所老师刚才说了一句话："光上个月就发生了三次这样的事。"只有三次吗？那剩下的时间情况如何？

接下来，我要公布答案了。

【答案】

这次夸奖的对象就是"没有把竞争对手的鞋子藏起来，直接去外面玩"这一行为。

所谓"光上个月就发生了三次这样的事"，就是说除了把鞋子藏起来和下雨导致不能进行户外活动的日子，剩下的十多天小 A 都没有把别人的鞋子藏起来。在这种情况下，是可以用夸奖来解决问题的。比如可以这样说："小 A 今天做得真棒，就像老师说的那样，没把其他小朋友的鞋子藏起来，而是直接去了院子。真是个好孩子！"

为什么我要向大家提问呢？因为我知道，即使我说了"要多夸夸孩子"，大家也赞同我的说法，但真正付诸行动时才会发现，实践起来并没有想象中那么简单，因为**我们太容易忽略身边这些普通行为了**。在刚才的例子中，老师把注意力都放在小 A 藏鞋这件事上，而小 A 没藏鞋子直接去院子的行为，却由于过于普通，完全被老师忽略掉了。而且换一个角度想，也许正是因为听了老师的话，小 A 不藏鞋子的次数才远远多于藏鞋子的次数呢？

无论参加讲座的对象是普通父母还是专业人士，当我提出小 A 这个问题时，能正确回答出来的人只有三成左右，因此就算没立刻想出答案来也不用灰心。只要勤于练习，总会拥有"蓝色法则卡片思维"的！

那么就让我们趁热打铁，再用两个简单的小问题确认一下吧。

【简单的问题 2】刚洗完澡就开始东奔西窜

——夸奖日常普通行为

太郎从浴室出来后总爱东奔西窜。为了给太郎擦干身体、穿好衣服，妈妈总是要费好大的心力。十年后回头再看这段经历的话，做妈妈的可能要会心一笑。但妈妈们现在可笑不出来，反而稍不注意就怒上心头了。

要问如何处理太郎乱跑这一问题，大家心中可能已经有了答案，比如可以直接告诉太郎不要乱跑，或者在浴室里把身体擦干等。但在这里，我想让大家用"夸夸战法"来处理这个问题。

那么，当我们要用夸奖来解决"刚洗完澡就开始东奔西窜"这一问题时，应该夸奖太郎的什么行为呢？请注意，都是一些很普通的行为。

【答案】

　　"从浴室出来后，站好让妈妈给自己擦身子、穿衣服"这一行为。

　　无论是在妈妈说了"好好站着"后才乖乖站着，还是碰巧今天太郎比较老实才乖乖站着，这两种情况都应该夸奖。因为不管前提是什么，太郎总归做到了我们所希望看到的行为。

　　从浴室走出来后安静地站好，如果这一普通行为能慢慢增加，**那么从浴室出来就东奔西窜的行为也会相应减少。**只需简单的夸奖，就能让孩子的问题行为减少，让妈妈发火的频率降低，还不赶快用起来！

　　既然现在我们已经找到了夸奖的对象，那么应该如何用语言表达出来呢？

　　"从浴室出来后就站在这乖乖等妈妈，太郎真棒！"

　　"这样妈妈就轻松了不少，谢谢太郎。"

　　"太郎今天做得真好！"

　　大家平时可能会看到各种夸奖的技巧，但无论说法怎么变，**最重要的还是简洁明了，以及不要显得太刻意。**

　　但有一点笔者想强调一下，当我们在夸奖孩子时，**最好把孩子做得好的地方明确说出来，相比于只说"真棒""真厉害"，前者要显得更为有效。**家长可能很难体会到，当我们只给出模棱两可的夸奖时，孩子有可能不明白家长到底在夸什么。就像在刚才的场景中，妈妈说了"今天做得真好"后，即使太郎回了一句"嗯！"也不代表他真的理解了妈妈的话。毕竟除了在浴室门口好好站着这件事，太郎还在浴缸里听话地泡了澡，开心地唱了歌，冲掉头上泡沫时也试着屏住了呼吸……一旦搞不好，太郎就会理解错妈妈的意思。

既然好不容易找到了合适的时机，就更要抓住机会。在**夸奖的前提下，指出孩子做得好的地方**会让沟通效率变得更高。仅仅是动一动嘴巴，就能让孩子逐渐养成好习惯，一定要多说、多用哦。

【简单的问题 3】为什么从水杯里倒出了大量的……沙子？

—— 犯错后改正的应对

晚上妈妈从书包旁侧拿出太郎的水杯，正打算清洗一下时，竟然从水杯中倒出了一堆沙子。面对妈妈的质问，太郎表示自己就是想试试看，把沙子装进水杯里会变成什么样。听到这话，妈妈没忍住使用红色法则卡片责骂了太郎，并把"水杯里只能放喝的东西""喝完水之后要直接把水杯拿回来"这些内容也同时告诉了太郎。

时间来到第二天晚上。当妈妈怀着忐忑不安的心情拧开水杯时，发现今天的水杯中没有沙子。随后太郎也说，今天没往水杯里装沙子。

那么为了把这一习惯保持下去，太郎在做出什么行为时，妈妈应该及时夸奖呢？

【答案】

　　"没有往水杯里装沙子、直接把水杯拿回了家"的行为。

　　看过答案之后，大家是不是感到有点可笑？不过我们要表扬的，**就是这些再普通不过的行为。**

　　我们生气的是把沙子装进水杯，**因此与之相对的普通行为，自然就成了我们夸奖的重点**——没有往水杯里装沙子。**通过表扬，既能让太郎更好地理解水杯该如何使用，也能让太郎更有自信。**

　　如果太郎连续几天都没有再犯类似的错误，那么妈妈可以问一问太郎这么做的理由。要是太郎能给出"因为水杯是用来装喝的东西的，所以肯定不能把沙子装进去"这样的回答，那我们"如何正确使用水杯"的教育就算大功告成了。

　　面对没有往水杯里装沙子，直接把杯子拿回家的太郎，我们该怎么夸奖才好呢？

　　"今天太郎没往水杯里装沙子，而是直接把水杯带回家了呢，真棒！"

　　在夸奖的同时，记得把孩子的正确行为也说出来。

　　最后需要提醒大家的是，**当我们在夸孩子时，注意不要犯红色法则卡片所提到的"过长说明"这一错误。**拿刚才的情景举例，话说得太啰唆，就会变成下文这样。

❌

　　"太郎昨天往水杯里装了好多沙子对吧，妈妈昨晚还因为这件事说了你一顿。把沙子装进水杯的话，不仅会滋生细菌，太郎再用这个杯子喝水，还可能喝坏肚子。但今天太郎做得很棒，就像妈妈昨天说的那样，没往水杯里装沙子，直接带回家了呢。"

虽然是在夸孩子，但话一啰唆起来就容易让人抓不住重点。**话说得简洁点，才更容易让人理解。**

至此我们的问答环节结束，接下来就让我们重返练习场吧。

亲子沟通练习时间到！

说完"我吃饱了"后把碗筷收走了 —— 礼貌与承担家务的正强化

孩子闹人场景：

吃完饭后，妈妈让太郎把碗筷收拾走，太郎非常听话地照做了。

那么请夸一夸太郎吧，记得要把太郎做了什么说出来。

蓝色法则卡片效率 UP 小提示

如果能围绕太郎"把碗筷收走"这一行为进行夸奖，那么太郎把这个好习惯保持下去的可能性会更高。

这么说的话就 OK！

"谢谢太郎帮妈妈收拾碗筷。"

"太郎真棒，都能帮妈妈收拾碗筷了。"

叫了一声后马上就过来了　——鼓励应答及时

孩子闹人场景：

　　妈妈叫太郎来卫生间刷牙。

　　太郎不怎么喜欢刷牙，所以妈妈平时总是叫不动他。但今天不知怎么，在听到妈妈叫自己后，太郎很愉快地走了过来。

　　那么，请夸一夸太郎吧。

蓝色法则卡片效率 UP 小提示

　　大家可能也有这种感觉，督促孩子刷牙的时候，总会出现各种问题。这次孩子好不容易主动地走了过来，那我们肯定要夸奖一番。虽然后续可能出现比如孩子不愿张嘴呀，刷着刷着就想跑等各种问题，但单凭"主动来卫生间"这一点就已经值得被肯定了。通过夸奖，**慢慢地，孩子在各种细节上就能越做越好。那长此以往，"养成良好刷牙习惯"这一目标就能很快实现了。**

　　其实，这就是专业人士常说的"每次进步一点点"。"每次进步一点点"就是把一个大的行为，拆分成一个个小的行为，而后把着眼点放在这一个个小的行为上。

　　如果我们把刷牙这一行为进行拆分，可以分成来到刷牙地点、靠在妈妈腿上、张开嘴巴、保持张嘴状态、漱口这几步。大人往往把这一串动作看成一件事，即要么就是"好好把牙刷了"，要么就是"没好好刷牙"。但对于孩子来说，难度可不一样。而这种代沟一旦出现，家长就很容易陷入到暴躁情绪中。

　　因此"每次进步一点点"的重要性就凸显出来了。**把目光放在这一个个小的行为上，孩子做到了就夸奖，没做到就教他应该怎么做**，这样就能避免很多问题的出现。

　　在刚才的情景中，在妈妈叫太郎来刷牙之后，如果太郎过来了，我们就要夸奖他；如果没过来，我们则要教给他应该做什么，再尝试一起做。这一步做完后，紧接着就进入了第二个小环节"坐在妈妈腿上"……总之要一步一步，慢慢地练习。当我们把着眼点放在一个个小的行为上时，**我们既能更轻松有效地教给孩子正确做法，又能创造更多夸奖孩子的机会**，真可谓一举两得。但家长可能会想，要是方方面面都得去教、去夸奖，岂不是太麻烦？但各位家长实际做了之后就会发现，这件事情其实非常简单。

　　当我们把行为拆分后再去教孩子，你会发现有些地方不用教，孩子本身就能做得很好；**有些地方教了之后，剩下没教的地方也连带着变好了。**不知不觉间，孩子已经能把这一整体行为做得很完美了。

　　最重要的是，**这一小步一小步的进步，能让亲子双方都乐在其中。**

　　"每次进步一点点"还能适用于其他场景，比如换衣服的时候，准备去幼儿园的时候等。

○拆分行为的例子

　　换衣服的时候

　　听到妈妈叫自己后马上动身、脱睡衣、穿袜子、穿上衣、穿裤子。

准备去幼儿园的时候

把便当放进书包、把手绢放进口袋、戴姓名牌、装水杯、戴帽子、穿鞋、出门。

这么
说的话就
OK！

"叫你来刷牙你就马上过来了，太郎真棒！"

马上停下了向果汁里吹气的动作　　——如何表扬令行禁止

孩子闹人场景：

在餐厅里，妈妈给太郎点了一份儿童套餐。但没过一会儿，太郎便开始用吸管朝果汁里吹气。

妈妈看向太郎的眼睛，低声叫了一句"太郎"后，他便识趣地停下了。

太郎今天还挺听妈妈的话，那么请夸一夸他吧。

蓝色法则卡片效率 UP 小提示

朝果汁吹气确实不对，但太郎能理解妈妈的意思，马上停下吹气的动作，却是我们所希望看到的。**像这样，问题行为和正确行为并存的时候，家长可以分别进行应对。**

在刚才的情景中，夸奖和提醒同时存在，那么我们可以先夸奖，

夸太郎听了妈妈的话，马上就停下了吹气的动作。夸奖后，再告诉
太郎喝果汁时应该怎么做，并当场练习。但如果我们将这两个小的
行为，看作一个行为时，就会觉得孩子虽然按照我说的做了，但又
确确实实向果汁里吹气了，心中的天平就会在夸奖和教训之间摇摆
不定。

其实，**太郎理解了妈妈的话，并且马上就停下了错误的动作，
这已经做得非常好了。**如果能做到这一点，那么父母只需叫一声"太
郎"，就能解决大部分问题，接下来的沟通也能更顺利地进行。相反，
如果听到了妈妈的话，但太郎完全不为所动，那么接下来各位父母
可要大费一番周折。如果孩子能做到前文的行为，我们就要认识到
孩子已经非常棒了，一定要趁机夸夸他们。

除此之外，在"孩子诚实地承认自己闯了祸""指出孩子问题后，
他诚恳地道了歉"等情景中，也容易出现这种问题行为和正确行为
并存的情况，一定要多加注意。

这么说的话就 OK！

"太郎马上就不向果汁里吹气了呢，真是个乖孩子！"

"太郎一下就明白了妈妈想说什么，不再向果汁里吹气了，真棒！"

主动开始整理东西了 ——培养自发收纳物品的习惯

孩子闹人场景：

太郎本来在涂填色书，但没一会就玩腻了，想去客厅骑玩具座椅。但桌子上的填色书和彩笔还没收起来，于是妈妈走到太郎身边，对他说："太郎，想要玩别的玩具之前要先把填色书收拾起来哦。"

太郎先是小声说了："我不想收拾，一会再说！"但过了一分钟左右，便一边说着"真是没办法"，一边不情不愿地整理起来。

太郎虽然小小地叛逆了一下，收拾得也是不情不愿，但毕竟是主动开始收拾的，所以请夸奖一下太郎吧。

蓝色法则卡片效率 UP 小提示

这个场景和上一个场景一样，存在一些问题行为，比如没收拾填色书就去玩别的玩具，说了比较叛逆的话等，但我还是希望大家把关注点更多地放在最后的"主动开始收拾东西"上。

从前后关系来看，我们既可以说太郎是因为听了妈妈的话，才去收拾东西的。**但如果我们把焦点放在最后一部分，也可以说太郎是经过自己判断之后，才决定收拾东西的。**不过我们大概能猜到太郎的"心路历程"：知道需要把东西收起来，但同时又觉得很麻烦，经过一番思想斗争后，才终于下定决心去收拾。

这么想，太郎可以说是凭借自己的力量战胜了"心魔"，**那一**

定得趁机好好夸一夸太郎呢！

"太郎也太酷了吧，都收拾好了呢！"

"主动开始收拾东西了呢，太郎真棒！"

明明在跟他人说很重要的话，孩子却发动了"我要回家攻击"

——应对求关注行为

孩子闹人场景：

妈妈正在和一些人谈着十分重要的事，但在一旁的太郎却等不及了。他一会儿不停地说："该回家了吧？""到底什么时候才说完啊！"一会儿又开始向妈妈身上撞去，想把妈妈拽回家。

这已经不是第一次了，最近妈妈和幼儿园老师或者药房医生谈话时，太郎也总是会发起"我要回家攻击"。次数一多，妈妈也会耐不住性子，偶尔教训太郎两句。

那么，我要向大家提问了。为了减少太郎的"我要回家攻击"，需要大家夸一夸太郎的某一行为，具体是哪个行为呢？

【答案】

妈妈在和其他人交谈时，太郎没发动"我要回家攻击"，而乖乖在旁边等着这一行为。就算只是安静了两三分钟，我也希望家长们能表扬一下太郎。

那么当太郎在旁边安静地等待时，我们应该如何夸太郎呢？请开始你的练习吧。

蓝色法则卡片效率 UP 小提示

在刚才的场景中，当孩子等不及了而发动"我要回家攻击"时，家长总会教训孩子；但当孩子在一旁乖乖等着时，却鲜少有人注意到。**这些普通却符合我们所期望的行为，为什么总是被各位父母忽视呢？**

当我们冷静下来，去分析孩子的情况时就能发现，孩子等得不耐烦的时候还是少数，有的时候他们能一直在旁边乖乖等着。即使做不到一直等待谈话完毕，也能做到在最开始的几分钟不打扰家长。大家看，**夸奖孩子的机会在我们的日常生活中数不胜数。**

当我们遇到这种情况时，**相比于生气责骂，不如夸一夸孩子在旁边安静等着这一行为。**

这么说的话就 OK！

妈妈摸摸太郎的头，说道："妈妈在和其他人说话的时候，太郎一直在旁边安静地等着呢。真是个乖孩子！"

第 7 章

亲子沟通综合练习二：

进阶版（法则一＋二＋三＋四＋五）

　　在接下来的进阶版练习中，希望大家能最大限度地活用"告诉孩子应该做什么，而不是禁止做什么""尝试一起做""表示理解孩子的心情""创造环境""夸奖"这五张蓝色法则卡片。

　　此次练习中，我不会设定卡片的选择和使用顺序，因为我希望大家能主动地使用这些卡片，从而让它们在日常生活中真正地发挥作用。我虽然会在"这么说的话就 OK ！"环节中给出一些答案，但这终归只是参考，不是所谓的唯一正解哦。

　　当大家把这些综合练习都做完以后，应该就能熟练自如地运用这些蓝色法则卡片了。那么请把蓝色法则卡片摆在桌面上，在必要的时候作为参考，迅速地拿出属于自己的应对方案吧！

亲子沟通综合练习二

吃完饭后什么也没说就起身走了 ——培养餐桌礼仪

孩子闹人场景：

太郎家的家规是吃饭时不看电视，但最近太郎时时刻刻都惦记着看动画片。这天，太郎明明是第一个吃完晚饭的人，但放下筷子离开座位后，连一句"我吃饱了"都顾不上说，立即准备去客厅看电视了。

妈妈叫了一声："太郎！"他便停下了脚步。此时太郎距离餐桌大概两米了。

练习 1—1

我们假设太郎此时能听得进去妈妈的话，那么面对什么都不说就离开餐桌的太郎，我们应该运用哪些蓝色法则卡片呢？

请大家把这次练习当成一次情景剧来看待，想象太郎就站在自己身边，尽量说出声音来。请各位家长尽情使用蓝色法则卡片上的方法，开始你的表演吧！

（例1）

【创造环境】妈妈走到太郎身边然后蹲下来。

【表示理解孩子的心情】"妈妈知道太郎想赶紧看动画片。"

【告诉孩子应该做什么】"但吃完饭后，要先说'我吃饱了'哦。"

【尝试一起做】"那我们一起说一次——'我吃饱了！'"

【夸奖】"对，真棒！就是这样说：'我吃饱了！'现在去看电视吧！"

（例2）

【创造环境】妈妈对孩子说"太郎你过来一下"，并让太郎坐在餐桌旁的椅子上。

【告诉孩子应该做什么】"说完'我吃饱了'才能去看电视哦！"

【尝试一起做】妈妈等待太郎说出"我吃饱了！"。

【夸奖】"对，真棒，就是这样说：'我吃饱了！'"说完摸摸太郎的头。

> **练习 1—2**

　　让我们再回到"太郎吃完饭后什么也没说起身就离开了"这一场景当中。

　　这次妈妈还是叫住了要起身离开的太郎，但与上次不同的是，这次太郎明显带有抵触情绪，那么请用蓝色法则卡片上的方法进行应对吧。

　　妈妈："太郎你过来。"

　　太郎沉默不语并坐回了自己的椅子上。

　　妈妈："吃完饭后要说'我吃饱了'哦。"

　　太郎："不要！我要快点看电视！"

　　妈妈："（请使用蓝色法则卡片进行应对）"

> **蓝色法则卡片效率 UP 小提示**

　　当我们向孩子传达了**理解对方心情**这一信息后，一方面我们能站在孩子的角度考虑问题，另一方面还能减小接下来对话的阻力。**仅仅用这一招，就能让亲子双方往同一磁场靠拢。**

　　相反，假设我们不使用"表示理解孩子的心情"，而是单刀直入，那么极有可能会出现一些具有挑衅意味的语言。

　　妈妈："吃完饭后要说'我吃饱了'哦。"

　　太郎："不要！我要早点看电视嘛！"

　　妈妈："不行！吃完饭就得说'我吃饱了'！"（＊）

　　太郎："为什么啊？！"（＊）

> 妈妈怒火中烧："哪有那么多为什么！你小子别给我蹬鼻子上脸！"这之后使用的都是红色法则卡片上的禁忌说法了。

这又是个典型的例子。标 * 的话语看起来像是亲子间的平等对话，从第三方的角度来看似乎也没什么问题，但其中的苦只有当事人知道。因此当我们觉得"表示理解孩子的心情"**可能有用武之地的时候，就一定要去使用。**

听了我刚才的说明，可能有些家长还是会怀疑，既然孩子明显带有抵触情绪了，那我们这一招还有用吗？不用担心，大家试一试便知。当大家时间充足且心情愉悦的时候，尝试一下就会发现，这一招真是意外地好用。

当然，仅凭这一招肯定不足以应对所有问题。**但能用上"表示理解孩子的心情"，就请努力去使用吧。**

（例 1）

【表示理解孩子的心情（共情）】 "嗯，太郎想赶快看电视呢，妈妈能理解哦。"

【夸奖】 "你能忍住不看电视，坐在这里和妈妈说话。妈妈觉得太郎真是太厉害了！"

【告诉孩子应该做什么】 "不过，为了能赶快看上电视，要先说'我吃饱了！'哦。"

（例 2）

【表示理解孩子的心情（重复）】 "嗯，太郎想看电视呢！"

【告诉孩子应该做什么】 "不过要先说'我吃饱了'哦。"

练习 1—3

这是"太郎吃完饭后什么也没说就起身离开了"这一系列的最后一个场景了。

妈妈教育太郎之后，时间来到了第二天早晨。今天太郎在吃完早饭后，说："我吃饱了。"

那么请夸一夸太郎吧。

蓝色法则卡片效率 UP 小提示

当我们特别想让孩子把一个好习惯保持下去的时候，那么就要像练习1—1中例2的答案那样，**在夸奖之前先创造一个良好的环境。**

太郎还是时不时地就忘记说："我吃饱了！"但换一个角度看，**太郎说"我吃饱了"的次数是能够达到及格线的。**

与其把重心放在没做到时的批评上，**不如把重心放在做到时的表扬上，这样妈妈也能轻松许多。**那么就请开始吧！

（例1）

【夸奖】"这不是做得挺好嘛，太郎认真地说了'我吃饱了'呢！"

（例2）

【创造环境】妈妈将太郎叫到身边："太郎，到妈妈这边来。"并让太郎坐在妈妈腿上。

【夸奖】妈妈摸摸太郎的头，称赞道："这次说了'我吃饱了'呢。"

（例3）

【夸奖】妈妈让自己的目光和太郎保持平齐，喊孩子的名字："太郎！"而后对太郎竖起了大拇指。

一直说"我不要去厕所！"　——引导自我控制生理行为

孩子闹人场景：

太郎一家周末去逛动物园，太郎对动物特别感兴趣，一直兴高采烈地参观着。现在一家人来到了大象园里。

这时妈妈注意到太郎的举止有点奇怪，一直扭来扭去的，看来是想去厕所了。但最近的太郎总是忍着不去大小便，导致好几次都尿在了裤子里。

见状，妈妈走到太郎旁边，提出了一起去厕所的建议。太郎却没有买账，一边捂着裤裆一边坚决地说："我不去厕所！我保证不会尿裤子的！"

练习 2—1

面对此情此景，家长该如何运用蓝色法则卡片中的方法，说服太郎去厕所呢？

这么
说的话就
OK！

（例 1）

【表示理解孩子的心情（重复）】"啊……不会尿裤子呀……"

【创造环境】"太郎你过来一下。"家长调整太郎的身体朝向，让大象从太郎的视野中消失。再蹲下来，让自己的目光和太郎的目光平齐。

【表示理解孩子的心情（共情）】"妈妈知道太郎还想看大象。"

【告诉孩子应该做什么】 "虽然妈妈能理解太郎的心情，但为了保险起见，我们还是去一趟厕所吧。等上完厕所我们再回来继续看大象。"

【尝试一起做】 "那我们一起去厕所吧。"

【夸奖】上完厕所后，妈妈夸奖孩子： "太郎真棒，能忍住不看大象来上厕所呢！"

（例2）

【创造环境】家长把太郎抱起来，慢慢地让大象离开太郎的视野。

【告诉孩子应该做什么】 "走，我们一起去厕所吧。"

【表示理解孩子的心情（共情）】 "太郎说了不会尿在裤子里，妈妈能理解你的心情哦。"

【告诉孩子应该做什么】 "但我们还是得去一趟厕所哦。等去完厕所后，再回来看大象吧。哦？大象已经看够了？那我们回来后去看长颈鹿吧。先去厕所，然后再去看长颈鹿哦。"

【尝试一起做】 "那我们出发去厕所啦。"

练习 2—2

接下来是问答题。为了减少"太郎坚持说：'我不去厕所！'"这一问题行为，我们应该夸太郎做出的什么行为呢？

【答案】

太郎主动去厕所这一行为；

听了妈妈的话之后，马上去厕所这一行为。

◎当对象是上厕所、吃饭、睡觉这些生理行为时，我们在教育的时候就要格外注意了。

作为孩子，身体各项机能都还没有发育成熟，有时候是没办法凭自己的主观意志来控制这些生理行为的。因此，如果家长老是抓着这些行为不放并斥责孩子，先不说效果如何，很有可能会加速这一问题行为的恶化。假设我们一直训斥孩子不好好上厕所，那么尿床的次数可能反而会增加；假设我们一直训斥孩子吃饭磨蹭，孩子吃饭的速度可能反而会越来越慢。

因此在面对这些生理行为时，我们要秉持着"尽量不给孩子增加压力"的原则进行教育，之后再稍微夸一夸孩子就好。一旦发现了这类问题，家长最好还是去找儿科医生、保健师、托儿所老师、营养师等专业人士寻求帮助。

练习 2—3

让我们回到动物园的情景中，这次太郎坚持不去厕所。现在矛盾的种子马上就要破土而出了，请接着下面这一对话，开始你的即兴发挥吧。

妈妈："该去厕所了，太郎。"

太郎一言不发，但过了一会儿，孩子拽妈妈的袖子说道："妈妈，我尿裤子了……"

妈妈准备了可以替换的裤子，而且此时妈妈的心情还算不错，能够冷静应对这一场面。

妈妈："（请用蓝色法则卡片进行应对）"

（例1）

【表示理解孩子的心情（重复）】"啊，太郎尿裤子了呀。"

【告诉孩子应该做什么】"那我们去厕所换裤子吧。"

【尝试一起做】"走，我们去厕所。"

（例2）

【表示理解孩子的心情（共情）】"尿裤子了呀，感觉很不舒服吧？"

【创造环境】妈妈走到太郎面前蹲下，让两人视线平齐。

【告诉孩子应该做什么】"那我们去厕所换裤子吧。"

【尝试一起做】妈妈拉起太郎的手，向厕所走去。

　　一直像好学生一样练习，大家肯定会感到有压力，那么现在我们就用红色法则卡片来应对一次吧。假设妈妈在接收到了太郎尿裤子这一信息后，怒气直冲脑门，打算用红色法则卡片来进行应对。她会怎么做呢？

　　妈妈："我跟你说了多少次让你去厕所！你听了吗？你看看周围谁尿裤子了，是不是只有你一个人！你不嫌丢人吗？都四岁了还尿裤子！直接回家吧，好吃的正好也不用买了！"

感觉如何？红色法则卡片用起来还是那么得心应手吗？当我们用蓝色法则卡片解决问题的次数增加时，用红色法则卡片处理问题的次数按理就会减少。经过这么多的练习，大家的思维应该已经开始朝着蓝色法则卡片方向靠拢了。

在这里我想问下大家，要是现实生活中真发生了尿裤子事件，大家有多大的可能性会使用蓝色法则卡片进行应对呢？如果我们把完全没办法使用蓝色法则卡片的概率记为零，能随心使用蓝色法则卡片记为十，那么大家都处于什么水平呢？

要把自己心中所想的数字说出来哦。预备——请讲！

当我问起参加讲座的家长们时，大家的回答多在五至六。**但重要的不是这个数字多大，而是在经历了这么多练习的"洗礼"后，使用蓝色法则卡片的可能性切切实实增加了。**

就算是一或二也没关系，**只要比练习之前有所进步就够了。**

明明告诉他不要忘记锁门 ——矫正明知故犯行为

孩子闹人场景：

　　妈妈和太郎一起从超市购物回来了，由于妈妈手里拎的东西比较重，便先一步进了门，并嘱咐太郎把门锁好。

　　妈妈到家把东西都收拾好后走进客厅，此时太郎已经津津有味地看起了电视。为了保险起见，妈妈来到门口，打算检查一下门有没有锁好……果然没锁。

练习 3—1

　　那么请使用蓝色法则卡片，对没锁门就去看电视的太郎说些什么吧。

这么
说的话就
OK!

（例1）

【创造环境】妈妈缓缓地把电视关掉，而后坐到太郎身边，保持彼此的视线平齐。"太郎，妈妈有话要跟你说，所以先把电视关掉了哦。"

【告诉孩子应该做什么】"现在门还没锁上呢，太郎要先把门锁上。"

【尝试一起做】妈妈带太郎关门："我们一起去门口吧。"注视着太郎把门锁上。

【夸奖】妈妈摸摸太郎的头，夸奖道："这次把门锁好了呢！"

（例 2 ）

【告诉孩子应该做什么】"太郎你来门口一下。"

【创造环境】妈妈在太郎身旁弯下腰，二人视线平齐。

【夸奖】"虽然刚才太郎在看电视，但妈妈一叫你就过来了，做得真棒！"

【告诉孩子应该做什么】"现在门还没锁上呢，所以需要太郎把门锁上。"

【尝试一起做】妈妈注视着太郎把门锁上。

【夸奖】"既然太郎已经把门锁好了，那么接着去看电视吧。"

练习 3—2

我们再来追加点背景。

假设现在太郎有点反抗心理，我们该如何做呢？

妈妈站在门前，心想原来太郎没锁门就去看电视了啊……

便呼唤道："太郎你看门还没锁呢，你过来锁一下。"

太郎："妈妈你锁一下不就好了吗？我看电视呢！"

此时妈妈的心情还算平和，打算用蓝色法则卡片进行应对。

请开始吧。

（例1）

【创造环境】妈妈走向太郎。

【表示理解孩子的心情（重复）】"太郎在看电视呀。"

【告诉孩子应该做什么】"不过要先把门锁好之后，再看电视哦。"

【尝试一起做】"我们一起去锁门吧。"

【夸奖】"这不是做得挺好嘛！谢谢太郎帮妈妈锁好了门，现在去看电视吧。"

（例2）

【创造环境】妈妈来到客厅，先缓缓把电视关掉，然后坐到太郎身边，让两个人的视线平齐。

【告诉孩子应该做什么】"当妈妈说让你锁门的时候，太郎就应该去把门锁上哦。"

【表示理解孩子的心情（共情）】"我知道太郎现在想看电视，因为这是太郎最喜欢的节目呢。"

【告诉孩子应该做什么】"但在此之前，要先把门锁好哦。"

【尝试一起做】妈妈注视着太郎把门锁上。

【夸奖】"认真把门锁好了呢，太郎真棒！"

练习 3—3

　　第二天，妈妈想到了昨天的事，便又拜托太郎去承担锁门的任务。

　　妈妈率先进门后，站在一旁观察太郎的举动。只见太郎顺手就把门锁好了，然后打算去卫生间洗手。

　　那么请夸一夸把门锁好的太郎吧。

这么
说的话就
OK!

（例 1）

【夸奖】"谢谢太郎帮妈妈锁好了门，真是帮了妈妈大忙了！"

（例 2）

【创造环境】妈妈呼唤孩子："太郎过来！"并抱起太郎。

【夸奖】"太郎像妈妈说的那样锁好了门呢。走，妈妈带你去洗手。"

第 8 章

建议『事前加蓝卡』

本章给大家介绍一下使用蓝色法则卡片的时机。

使用蓝色法则卡片的时机大概分为两种：一种是事前应对型，另一种是事后应对型。

所谓事后应对，就是指问题发生之后再去应对。

○闯了祸后告诉孩子应该做什么

比如孩子在收拾玩具时，粗暴地把玩具扔进了箱子里。看到这个行为，家长便打算告诉孩子收拾玩具的时候，不能直接扔，而应该缓缓地放进去。

这就是事后应对，到现在大家也练习了不少。

那么事前应对呢，就是在问题发生之前应对。

○事前就告诉孩子应该做什么

比如最近孩子在收拾玩具时，总爱把玩具一股脑地丢进箱子里。恰好现在又到了娱乐时间，家长准备事前教给孩子该如何收拾玩具。

事前应对本身实施起来并不难，不过就是在问题发生之前使用这些蓝色法则卡片而已。

但空口无凭，大家亲身体验一下才更容易理解，那就让我们赶快进入练习吧！

【事前应对练习】又要在进站口那里东张西望了

——注意力分散的事前提醒

孩子闹人场景：

在过地铁的进站口时，太郎总爱东张西望，一不小心就和妈妈走散了。这件事使得妈妈十分烦躁。

今天也要坐地铁出门，在距离进站口大约 20 米的地方，妈妈又担心起来了。

因为还没到进站口，太郎还没出现问题行为，所以这次我们打算采取事前应对的措施，提前告诉太郎应该怎么通过进站口。那么请开始吧！

蓝色法则卡片效率 UP 小提示

事前应对和事后应对，除了时机的选择不同，其他要做的事情都是一样的。

既然这样，**为什么事前应对比事后应对更好用呢？**

各位家长对自家孩子是相当了解的，对孩子的问题行为也十分清楚。可一旦陷入了"等着问题发生"的局面，家长就很容易生气。用刚才进站口的例子来说，妈妈在进站之前，就已经预想到太郎有可能会东张西望，自己会忍不住发火。当太郎过进站口时，真的在东张西望，妈妈八成会爆发："我之前是怎么跟你说的！"

既然妈妈都这么了解自家孩子了，**那么走到进站口前，就告诉孩子应该怎么做，问题发生的概率不就大大降低了吗？** 我们在事前告诉孩子应该怎么做之后，如果孩子能顺利通过进站口，相当于另外创造了一次夸奖机会。

把事前应对、事后应对稍微整理一下，大概就是下文这种情况。

事后应对：在孩子犯错后教育孩子

问题已经发生，就代表着可能已经造成了一些实质性损害。发火的父母以及被骂的孩子都容易陷入负面情绪之中。在这种情况下，父母希望孩子能改正自己的行为。但斥责这种方法难度又高、效率又低，最后导致亲子双方都精疲力竭。

如果能"抓住机会夸奖孩子"就好了。

事前应对：问题产生之前，就告诉孩子应该做什么

此时孩子还没有闯祸，因此**亲子双方的心情都比较平静。**在这种情况下，孩子更容易听进去父母的话。

因为已经事前告诉过孩子应该做什么了，那么孩子做到这一行为的可能性就会提高。**也就是说，以夸奖作为结尾的可能性就会提高，更容易积累"教给孩子—孩子做到了—夸奖"的成功经验。**

能事前使用蓝色法则卡片的机会，在生活中数不胜数。

但事前应对存在一个缺点——容易忘记去用。

事后应对时，问题已经发生，父母已经看到，就会自然而然地进入到教育孩子的环节当中。但事前应对，需要各位父母预判事情发生的可能性并主动出击。

　　关于如何习惯事前应对，这里有一个法则：当我们感觉自己可能要发火或是孩子可能要犯错，因此感到些许不安的时候，就去用蓝色法则卡片吧。

　　感到不安，就用蓝色法则卡片！

这么
说的话就
OK!

"在过进站口的时候，太郎要在妈妈前面，紧贴着妈妈走哦！"

　　之后就可以灵活地组合运用"尝试一起做""夸奖"等其他的蓝色法则卡片了。

【事前应对练习】又要叼着牙刷走来走去了

——如何应对隐含危险行为

孩子闹人场景：

　　平时太郎在刷牙的时候，都是靠在妈妈腿上，仰着头让妈妈给自己刷牙的。

　　刷完牙后，需要站起来漱口，但最近太郎老是叼着牙刷站起来。虽然每次妈妈都提醒太郎不要这么做，但偶尔还是会出现这个问题。又到了刷牙时间，此时妈妈和太郎刚读完绘本，在客厅休息。但妈妈突然想到，在之后刷牙时，太郎有可能犯同样的错误。

　　如果我们想选用事前应对，来告诉太郎刷完牙后应该如何行动，具体应该怎么做呢？

这么说的话就 OK！ "妈妈帮太郎刷完牙后，太郎要把牙刷拿在手里，之后再站起来哦。"

把蓝色法则卡片组合使用，就会出现以下情景。

【创造环境】家长呼唤孩子的名字："太郎！"并且制造视线接触。

【告诉孩子应该做什么】"刷完牙后直接叼着牙刷站起来，会被妈妈批评哦。妈妈希望你能在刷完牙，把牙刷拿在手里之后，再站起来。"

【表示理解孩子的心情】"我知道太郎不是故意的。"

【告诉孩子应该做什么】"但叼着牙刷动来动去太危险了，所以一定要把牙刷拿在手里之后，再站起来哦。"

【尝试一起做】"正好现在到了刷牙时间了。走，我们一起去刷牙。"

　　此时太郎抵触地说："我不想去。"

【表示理解孩子的心情】"不想去刷牙呢，妈妈能理解，确实很麻烦呢。"

【尝试一起做】"但不刷牙可不行。走,我们去卫生间吧。记得刷完牙要把牙刷拿在手里,之后再站起来哦。"

刷完牙后,太郎把牙刷拿在手里,然后站了起来。

【夸奖】"把牙刷拿在手里之后才站起来呢,太郎真棒!"

在刚才的"尝试一起做"中存在多个选项,比如直接去卫生间刷牙、在卫生间提前练习、在客厅提前练习,等等。

这时就要根据个人情况,选择一种孩子不抵触,家长负担也小的方法即可。

事前应对也好,事后应对也好,有时候用不了几张蓝色法则卡片就能顺利解决,但有时候,如果问题相对棘手,那就需要更多的蓝色法则卡片来应对了。

说了这么多,还是赶紧进入练习吧,毕竟实践才能出真知。

【事前应对练习】"今天真希望你能叫爷爷、奶奶。"

——主动向长辈问好的预要求

孩子闹人场景:

时隔半年之久,妈妈终于带着太郎踏上了回老家的列车。上次回老家时,太郎一直扭扭捏捏的,连喊爷爷奶奶都没做到。所以这次妈妈想让太郎大大方方地向爷爷奶奶问个好。

妈妈打算采取事前应对,在出门前就想让太郎练习一下。

来看看妈妈应该如何教太郎问好吧。

**这么
说的话就
OK！** "一会儿到了爷爷奶奶家后，一进门就要大声
地说'爷爷奶奶好'哦！"

如果把**"尝试一起做"**也加进来，妈妈可以先问太郎："等见
到了爷爷奶奶，太郎要说什么来着？"

**希望大家都能多多尝试事前应对，减少发火次数，让教育孩子
变得更加轻松。**日常生活中一定不要忘记这个高效的方法哦！

第 9 章

亲子沟通综合练习三：
终级版（法则一+二+三+四+五+事前）

亲子沟通综合练习三

现在让我们回到进阶练习。

进行到现在，大家是不是已经感觉到疲惫，变得不想再放开声音练习，只想看答案了呢？

但这本书马上就要结束了，请打起精神，一口气做到最后吧！

直接坐在门口穿鞋子　——日常行为的提前演练

孩子闹人场景：

一会儿妈妈要带太郎去朋友家做客。正收拾着东西，妈妈突然想到，上次从朋友家回来的时候，太郎一进门就坐在地上开始换鞋。

于是这次妈妈打算告诉太郎，不要直接坐在地上换鞋。

练习 1—1

现在妈妈和太郎在客厅，已经做好了出门的准备。那么请运用事前应对，教给太郎如何换鞋吧。

（例1）

【告诉孩子应该做什么】"太郎，换鞋时不要直接坐在地上，要坐在旁边的小椅子上哦。"

【尝试一起做】妈妈一边带太郎朝门口走去，一边说道："走，我们去门口。"

妈妈指着小椅子告诉太郎："要坐在这里换鞋哦，太郎做一下。"

【夸奖】"对、对，就是这样。坐在小椅子上穿鞋的太郎真棒！"

（例2）

【创造环境】妈妈带着太郎走向门口。"太郎，你跟妈妈来一下。"

【告诉孩子应该做什么】"平时换鞋时，太郎总爱坐在地上。但从今天开始，妈妈希望你坐在旁边的小椅子上换鞋呢。"

【表示理解孩子的心情】"之前太郎爱坐在地上换鞋，所以妈妈也知道你可能一下子改不过来。"

【告诉孩子应该做什么】妈妈制定规则："但从今往后要努力坐在小椅子上换鞋哦。"

【尝试一起做】"那太郎做一下。"妈妈注视着太郎换鞋。

【夸奖】"对、对，太郎做得真棒！"

练习 1—2

　　做完练习 1—1 之后，妈妈就带着太郎去了朋友家，在那里度过了一个非常愉快的下午。现在到了回家时间，两人一起走向了门口。

　　现在，请使用一张蓝色法则卡片，简单明了地告诉太郎该做什么。

这么说的话就 OK！

【告诉孩子应该做什么】妈妈指向旁边的椅子并说道："太郎，要坐在这里换鞋哦。"

练习 1—3

　　下面这个练习有点与众不同，因为这次我们不用蓝色法则卡片。

　　还是练习 1—2 的场景，但不同的是，这次妈妈坚信太郎能自己做好。毕竟在出门之前已经练习过了。

　　如果现在我们不用蓝色法则卡片，只用一句简短的话，或者一个简单的手势提醒太郎，那该怎么做呢？这里的答案可太多了，挑一个自己喜欢的就好。请开始吧！

这么说的话就 OK！

叫一声"太郎"后，给他使个眼色。
指着椅子说："要在这里换哦！"
跟太郎说："我们练习过了哦。"

　　我们在事前教给孩子正确做法，当事情发生时父母就会比较轻松。

　　"我们练习过了哦"也好，看着孩子的眼睛，意味深长地笑一下也好，只需简单一句话、一个动作，孩子就能明白家长的意思，相应地作出正确的举动。相反，如果我们等到问题发生后，才想着去解决，不仅容易受周围环境干扰，还大概率会说出"穿鞋子的时候不能坐在地上！"这种否定形式。在这种情形下，家长可要费心多了。只用一句"我们练习过了哦"就能解决问题，既能减轻家长的负担，又能给家长创造夸奖孩子的机会。

　　不过这当中也有一定风险。虽然我们事前教给了孩子怎么做，但孩子没理解，或者已经忘记，那么一句"我们练习过了哦"反而会变成红色法则卡片的"模棱两可"，继而埋下矛盾的种子。

　　毕竟，我们面对的还是孩子，请注意不要高估对方的实力。

擅自拆开了快递盒！　　——维护他人隐私

孩子闹人场景：

　　妈妈从网上买的衣服到了，但由于白天妈妈比较忙碌，就把快递放到了桌子上。

　　到了晚上，妈妈打算拆快递时，却发现快递盒已经被打开，里面的衣服也被翻过了。

　　妈妈找到太郎后，太郎低下头，小声地说："是我干的。"

随后还真诚地道了歉。

练习 2—1

　　面对这一场景，大家觉得首先应该用哪些蓝色法则卡片比较好呢？请回答。

　　这次的问题虽然没有标准答案，但如果你的回答是把"夸奖"放在最前面，那么恭喜你，你已经拥有了"蓝色法则卡片思维"！

　　虽然太郎擅自打开了快递盒，但马上承认了错误，还真诚地道了歉，所以请先夸一夸他吧！

蓝色法则卡片效率 UP 小提示

　　在问题行为和正确行为同时发生的情况下，我们要做的是纠正问题行为，夸奖正确行为，也就是要做到分别应对。

这么
说的话就
OK!

"嗯，原来是这样呀。不过太郎能主动向妈妈道歉，妈妈觉得很欣慰呢。"

练习 2—2

　　现在假设我们已经夸过太郎，接下来该纠正擅自拆快递这一行为了。请家长教会太郎以后应该怎么做。

（例1）

【告诉孩子应该做什么】"如果太郎想拆快递，要和妈妈一起完成哦。"

【告诉孩子应该做什么】"想拆快递的时候，一定要先把妈妈叫过来。"

【尝试一起做】"假设太郎现在想拆快递。你来叫妈妈一声。"
太郎："妈妈！"

【夸奖】"嗯，做得真不错。那假设妈妈现在已经过来了。"

【告诉孩子应该做什么】"这个时候太郎应该对妈妈说'我想拆快递'哦。"

【尝试一起做】太郎："我想拆快递！"

【夸奖】"做得真棒，那么从下次开始，都要像今天这样。把妈妈叫过来之后，再一起拆快递。"

（例2）

【创造环境】"来，太郎，坐在这里。"妈妈带孩子一起坐下，使两人视线平齐。

【表示理解孩子的心情】"妈妈知道太郎想看看快递盒里有什么。"

【告诉孩子应该做什么】"不过，从下次开始，如果太郎想拆快递，一定要先问问妈妈可不可以拆哦。"

【表示理解孩子的心情】 "诶？你说就算问我，我也会因为太忙而不理你？原来是这样……所以太郎才自己先拆快递呀。"

【告诉孩子应该做什么】 "那从下次开始，当太郎问妈妈可不可以拆快递时，妈妈保证会给太郎一个明确的答复。太郎下次想拆快递之前，一定要先来问一问妈妈哦。"

【尝试一起做】 "那我们一起做一下吧。太郎要先问妈妈：'我可不可以拆快递？'"

【夸奖】 "做得真棒，妈妈也会尽快给太郎一个答复的。"

用嘴舔蛋黄酱瓶子的瓶口 ——强调家庭文明规则

孩子闹人场景：

现在太郎家正在吃饭。太郎非常喜欢蛋黄酱，因此在给沙拉上挤了蛋黄酱后，太郎便开始用嘴舔瓶口。

练习 3—1

太郎用嘴舔了蛋黄酱瓶子的瓶口，但此时妈妈的心情还算不错，所以请告诉孩子正确的做法是什么。

这么说的话就OK！

（例1）

【创造环境】"太郎，请把蛋黄酱递给我一下。"

【告诉孩子应该做什么】"挤完蛋黄酱之后，盖好瓶盖就够了，不需要拿嘴去舔。打开盖子、挤酱、合上盖子，就是这么简单哦。"

【表示理解孩子的心情】"妈妈知道太郎最喜欢蛋黄酱了，所以才一不小心舔了瓶口呢。"

【尝试一起做】"现在你拿妈妈的沙拉试一下。打开盖子、挤酱、合上盖子，有这三步就可以了哦。"

【夸奖】"对、对，做得真棒！"

【尝试一起做】"那我们再拿爸爸的沙拉试一下吧。"

【夸奖】"对、对，两次都没舔瓶口呢，真棒！"

（例2）

【告诉孩子应该做什么】"蛋黄酱不能直接舔着吃，要拌在沙拉里才可以哦。来，你吃一口蘸着蛋黄酱的沙拉。"

【尝试一起做】妈妈注视着太郎吃沙拉。

【夸奖】"真棒，以后要搭配蔬菜一起吃蛋黄酱哦。"

　　我在讲座上让大家练习蛋黄酱这一事例时，会从父母口中听到一些这样的话："之前我遇到这种情况，都是直接罚他的。""不给孩子点惩罚，总感觉他听不进去。"那么在这里，我想围绕"惩罚"这一点稍微说两句。

还是惩罚一下比较好？　——表扬与惩罚的权衡

首先，我们"亲子沟通法则"实践讲座里是不会采用惩罚这一方法的，惩罚被放在了红色法则卡片里。**除非已经一不小心惩罚了孩子，否则对于惩罚，我们都是主张能避免则避免。**

究其原因，一方面是用起来难；另一方面是，如果用不好，可能会给亲子双方都带来巨大伤害。

我们假设这样一个场景：由于孩子没把玩具收拾好，作为惩罚，妈妈便把一部分玩具扔掉。孩子在得知自己的玩具被扔后号啕不止，但哭了几分钟也就放弃了，转身去收拾剩下的。孩子是因为深刻认识到了自己的错误，并且下定决心改正，才去收拾的吗？显然不是这样。他们只是害怕妈妈再次发火，或者自己的玩具又被丢掉罢了。

仅仅通过惩罚很难激发孩子的主观能动性，必须同时借助其他手段，才能达到我们理想的效果。比如下次孩子做得好的时候，我们需要夸夸他；或者我们可以教孩子一些整理技巧，帮助孩子提高收拾玩具的效率。

总之，是肯定离不开蓝色法则卡片的。

惩罚这一方法，其实暗藏着一个可怕的陷阱。

首先惩罚确实会有一瞬间的效果。因为在严厉惩罚后，孩子确实会短暂地听父母的话。也正是如此，父母才老是忍不住用惩罚这一手段来教育孩子。但是惩罚过后，**看似解决了问题，一旦类似情况再次发生，我们就会发现，问题处理起来只会变得越来越棘手。**

> ✖ 孩子不收拾玩具，妈妈为了惩罚孩子，扬言要扔了它们。但孩子依旧没有收拾，于是妈妈就真的全部扔掉。下一次孩子还是没有收拾自己的玩具，妈妈把孩子关在了阳台，结果被附近的路人举报，连警察都上门了……

　　一旦我们依赖于惩罚这一手段，当问题再次发生时，家长势必要采取比之前更加严厉的惩罚才能产生效果。亲子双方都付出了惨痛的代价，但教育孩子的目的却完全没有实现。

　　如果我们想规避风险，那么就不得不考虑一些比较专业的问题了，比如怎样的惩罚才算适度，如何让孩子理解惩罚背后的意义，等等。从听众的实际反馈来看，**不使用惩罚这一手段，而是只用蓝色法则卡片来应对，也能解决很多问题。**

　　因此，何必非要冒险去使用惩罚这一手段呢？

　　当孩子犯了同样的错误时，与其费力地研究如何惩罚孩子，不如用蓝色法则卡片积极地教育孩子：**明确告诉孩子应该做什么；为保险起见，尝试一起做一次；做到之后及时夸奖孩子——就是这么简单。**与其说不惩罚、只用蓝色法则卡片进行应对是理想主义，**倒不如说这是在冷静分析过效率、成功率等实际情况之后，才得出的结论。**

在此笔者并非否定"适度惩罚"，但面对能用蓝色法则卡片的
情况时，请先用蓝色法则卡片。蓝色法则卡片实在难以发挥作用的
时候，再考虑其他手段吧。

那么，我们要再次回到练习了。

练习 4—1

距离上次的蛋黄酱事件已经过去几天了。

今天的晚饭是铁板烧。太郎家习惯把煎好的铁板烧先分到
盘子里，再按照自己的口味选择不同酱汁和配菜。妈妈在准备
晚饭时，不禁想起了前几天的蛋黄酱事件，又开始担心了。

那么，在太郎挤蛋黄酱之前，请用事前应对的方式，教给
太郎蛋黄酱的正确吃法。

（例 1）

【告诉孩子应该做什么】"上次妈妈跟太郎说，挤蛋黄酱的时
候分为三步，打开盖子、挤酱、合上盖子，而且不需要舔瓶口。
太郎还记得吗？"

太郎回答道："嗯，记得。"

【夸奖】"居然还记得，真厉害！"

（例 2）

【告诉孩子应该做什么】"蛋黄酱不能直接舔着吃，要搭配其他食物一起吃才可以哦。"

【尝试一起做】"假设这里有蛋黄酱和铁板烧，太郎可不可以表演一下如何挤蛋黄酱呀？"

太郎假装往铁板烧上挤了蛋黄酱，然后像模像样地吃了起来。

【夸奖】妈妈摸摸太郎的头并夸奖道："嗯，太郎掌握了蛋黄酱的正确吃法呢。"

练习 4—2

过了几天，餐桌上又出现了沙拉。

尽管这次妈妈没有提醒太郎，但太郎并没有舔瓶口，而是很自如地把蛋黄酱挤到了沙拉上。

相信大家已经明白自己要做什么了，请夸一夸太郎吧。

蓝色法则卡片效率 UP 小提示

这些看起来理所当然的行为，也值得我们去夸奖。毕竟生气的次数减少了，我们做家长的也会更轻松。

这么说的话就 OK！

"太郎这次没有舔瓶口，而是直接挤到了沙拉里呢，真棒！"

请大家在生活中抓住每一次机会进行练习。

结束语

至此，本书的练习部分已经全部结束，大家辛苦了！跟着这本书坚持到现在的读者们，请允许我给你们一个大大的赞！

我想，**现在大家应该已经拥有了"蓝色法则卡片思维"**——在外面看到别的家长教育孩子的时候，脑子里会自动浮现出类似"啊，怎么不先创造环境再沟通呢，这肯定会失败的。""哇，出现了'你给我听话点'这种模棱两可的话！"的想法。

如果大家能像上文这样，站在客观的角度分析问题，说明蓝色法则卡片的沟通技巧已经被大家吸收，剩下的就只需多多实践了。

在这本书中，我们练习了五张蓝色法则卡片亲子沟通法则。

是不是看上去这些练习都很基础？大道至简，**基础内容才是最核心的。**这些卡片选取的都是生活中最常用的教育法则，虽然看起来朴实无华，**但经过日积月累的练习，其威力不容小觑。**很多家长总是想要一些特殊卡，来解决一些极其棘手的问题。可是归根结底，也只能算是问题已经发生的事后处理。

我们所追求的应该是，在问题发生之前就把它扼杀在摇篮里。在日常生活中，通过使用一张张蓝色法则卡片，不断提高亲子间的沟通效率和质量。只要不断积累这种成功经验，就算身处"亲子战争一触即发"的场合之中，也能窥见几分胜率。

一旦真的遇到棘手的问题时，请务必先等一等。直到自己充分冷静之后，通过询问的方式，让孩子自己思考，再想办法处理遇到的具体问题。

"亲子沟通法则"实践讲座不只是情景练习，蓝色法则卡片中的法则更要**用于尝试解决实际问题。**而且爸爸、孩子、爷爷奶奶、外公外婆都要学着运用蓝色法则卡片，这样妈妈才能更轻松！

最后的最后

　　练习到这里，大家有什么感想？

　　是觉得简单，还是觉得有点难度？还有，大家都在现实生活中实践过了吗？

　　我相信，既然大家在茫茫书海中挑选了这本"怪书"，还跟着做了这么多"红蓝法则卡片"的练习，你们肯定能把这些内容运用到实际生活中。

　　还有，就算家长们的做法不像给出的答案那样规整也没关系，**挑些我们觉得能掌控的场景，尽情地运用蓝色法则卡片去解决问题就够了。**

　　如果大家在日常生活中能有一瞬间觉得："刚才自己好像应对得不错！"并且这样想的次数还在不断增加，笔者就很欣慰了。

后 记

呼——终于把这本书写完了。

我从小学开始就不擅长写作文，故而在遣词造句上可是费了一番功夫。但在这次的写作过程中，我一想到不能来参加讲座的人也可以学到讲座里的技巧，更多的家长有机会体验"红蓝法则卡片"的练习，便浑身充满了干劲。

不仅是各位家长，如果能通过这本书，使政府、民间团体的相关人员、妇联相关人员、教育从业者们了解到"通过简单基础的练习，就能学会"的亲子沟通方法，我就更加欣慰了。

最后，我想衷心地向野口启示老师、渡边直先生和松本江美女士道一声感谢。不光是写这本书的时候，他们平日里也给予了我极大的帮助。

我还要对我的同伴们道一声感谢。正是大家群策群力，才成就了"亲子沟通法则"这一讲座。